CHRISTIAN WEIS · BEGNADET, BESESSEN ODER WAS SONST?

CHRISTIAN WEIS

BEGNADET, BESESSEN ODER WAS SONST?

Okkultismus und christlicher Glaube

VERLAG ST. PETER · SALZBURG
OTTO MÜLLER VERLAG · SALZBURG

© 1986 by Verlag St. Peter, Salzburg. Vertriebsgebiet: Österreich
ISBN 3-900173-50-8
© 1986 by Otto Müller Verlag, Salzburg. Vertriebsgebiet: alle übrigen Länder
ISBN 3-7013-0711-3
Titelfoto: Kienitz-Anthony
Gesamtherstellung: Druckhaus Nonntal, Salzburg
Printed in Austria

INHALTSVERZEICHNIS

VORWORT 7
EINLEITUNG 9

1. KAPITEL: ERGEBNISSE DER PARAPSYCHOLOGIE
   IM ÜBERBLICK 13
   1. Außersinnliche Wahrnehmung 15
      a) Spontane Phänomene 15
      b) Quantitativ-statistische Experimente ... 17
      c) Qualitative Experimente 18
   2. Psychokinese 20
   3. Zur Erklärung paranormaler Phänomene .. 27
      a) Animismus 27
      b) Spiritismus 33

2. KAPITEL: OKKULTE PRAKTIKEN IM LICHT DER
   PARAPSYCHOLOGIE 36
   1. Radiästhesie 36
   2. Okkulte Zukunftsschau 39
   3. „Spiritistische" Praktiken 44
      a) Die verschiedenen Formen 44
      b) Zur Erklärung der Vorgänge 45
      c) Beurteilung 48
      d) Nicht animistisch erklärbare Phänomene? ... 50
   4. Magie und Hexenglaube 52
      a) Streiflichter aus Geschichte und Gegenwart ... 52
      b) Psychologische und parapsychologische Aspekte ... 56
      c) Beurteilung 60

3. KAPITEL: OKKULTISMUS, SATAN UND
   DÄMONEN 63
   1. „Alles Okkulte ist Teufelswerk" 63
      a) Zeugnisse aus dem katholischen Bereich ... 63
      b) Fundamentalistische Zeugnisse aus dem evangelischen
         Raum 66
      c) Zusammenfassung und Stellungnahme .. 68
   2. Die Besessenheit – die deutlichste Manifestation satanischer
      Macht? 72
      a) Jesus als Exorzist 72
      b) Besessenheit aus der Sicht fundamentalistischer Autoren
         aus dem evangelischen Raum 76

c) Besessenheit im Rituale Romanum und bei daran
      orientierten katholischen Autoren 79
   d) Besessenheit aus der Sicht der Psychologie und der
      Parapsychologie 82
   e) Deutung von Jesu exorzistischer Tätigkeit 90
3. Zur Frage nach der Existenz dämonischer Geister 91
4. Resümee und praktische Konsequenzen 99

4. KAPITEL: OKKULTE KONTAKTE MIT
   VERSTORBENEN 101
1. Positive Indizien? 101
2. Kontakt mit „Armen Seelen"? 106
   a) Die kirchliche Lehre über das Fegefeuer 107
   b) Berichte über Arme-Seelen-Visionen 108
   c) Theologische Anmerkungen 111

5. KAPITEL: ÜBERLEGUNGEN ZU
   CHARISMATISCHEN VORGÄNGEN 120
1. Die Gabe der Prophetie 121
   a) Die Praxis 121
   b) Bemerkungen aus parapsychologischer Sicht 125
   c) Theologische Deutung 126
   d) Konsequenzen 131
2. Die Gabe der Krankenheilung 132
   a) Außergewöhnliche Heilungen im allgemeinen 132
   b) Charismatische Heilungen 140
   c) Unzureichende theologische Deutungen charismatischer
      Heilungen 143
   d) Psychohygienische Überlegungen 148
   e) Das Charisma der Heilung als Geschenk Gottes 149

Anmerkungen 151

VORWORT

Um den Wert dieses Buches recht zu würdigen, sollte man wissen, daß es nur wenige Wissenschaftler wagen, in den dunklen Urwald der Parapsychologie einzudringen. Prekär ist diese Lage für Theologie und Kirche geworden: Das wieder wachsende Interesse am Okkulten ufert fast unkanalisiert in abergläubischen Praktiken aus. Man schätzt weit über hundert Millionen Menschen, die, zum Teil als Sekten organisiert, im Spiritismus eine Ersatzreligion gefunden haben. Bei uns wuchern die Praktiken häufig im Untergrund. Die kirchliche Behandlung der Phänomene ist weithin im Mittelalter stecken geblieben (wenn man etwa die immer noch gültigen Vorschriften für den Exorzismus vergleicht).

Um so notwendiger erscheint eine sachliche Darstellung und besonnene Theoriebildung, die einerseits das Instrumentar der heutigen Profanwissenschaft benützt und anderseits in theologischen Fragen vom Stand des II. Vatikanums aus urteilt. Natürlich bleiben noch genug Probleme offen, aber es lassen sich doch begründete Grenzen ziehen und Klarheiten schaffen. Es ist höchste Zeit für solche Untersuchungen, wenn nicht weiter pastorale Pannen passieren sollen. Das Buch sei den verantwortlichen Seelsorgern und jedem interessierten Laien empfohlen.

Salzburg, 17. August 1986
Dr. Gottfried Griesl
Professor für Pastoraltheologie
an der Universität Salzburg

EINLEITUNG

Immer mehr Menschen zeigen sich fasziniert von okkulten Praktiken. Handlinienleser, Kartenaufschläger und andere Wahrsager werden um Auskunft über das zukünftige Schicksal angegangen. Man sucht bei spiritistischen Sitzungen Kontakt mit Verstorbenen oder Geistern aus jenseitigen Sphären. Viele vertrauen auf die heilsame Wirkung der Magie oder wollen anderen mit ihrer Hilfe schaden. Hexen und Satanisten behaupten öffentlich, mit dem Satan im Bund zu stehen und dadurch sogar die Macht zu haben, auf magische Weise zu töten.

Okkulte Praktiken werden oft in einer quasi-religiösen Haltung betrieben. Der Okkultismus ist zumeist eine Ersatzreligion. Seine Anhänger sehen in okkulten Vorgängen Energien bzw. Geister am Werk, in denen sich der für die menschliche Existenz entscheidende absolute Grund der Welt mehr oder weniger unmittelbar manifestiert. Diese Interpretation gilt nicht als wissenschaftlich diskutierbare Hypothese, sondern ist eine gläubig festgehaltene, nicht hinterfragbare Überzeugung. Die in solcher Weise okkultgläubigen Menschen erwarten sich denn auch von ihren Praktiken Erlösung von der Daseinsangst, letztgültige Wegweisung für das Leben, ja sogar das endgültige Heil.

Es ist klar, daß hier der christliche Glaube Stellung beziehen muß. Nach christlicher Überzeugung kann ja Glaube im eigentlichen Sinn nur Gott gegenüber vollzogen werden. Gott aber hat sich in Jesus Christus ein für allemal geoffenbart, und nur in der in Jesus Christus ergangenen Offenbarung ist den Menschen das Heil zugesichert. Damit stehen wir aber vor der Fragestellung des vorliegenden Buches: Was ist vom christlichen Glauben her zu den okkulten Praktiken und dem hinter ihnen stehenden „Glauben" zu sagen?

Da der christliche Glaube ein grundsätzlich positives Verhältnis zur menschlichen Vernunft und zur Wissenschaft hat, wird er zunächst darauf bestehen, daß das, was bei okkulten Praktiken angeblich an Außergewöhnlichem vorgeht, einer strengen wissenschaftlichen Prüfung unterzogen wird. Dabei stellt sich in vielen

Fällen heraus, daß bewußter Betrug oder unbewußte Selbsttäuschung vorliegen bzw. daß ein zunächst aus dem Rahmen des Bekannten herausfallendes Vorkommnis bei genauerer Betrachtung doch durch die klassischen Naturwissenschaften – Physik, Biologie, Medizin, Psychologie – erklärt werden kann. Es bleibt freilich ein Rest an Phänomenen übrig, bei denen eine solche Erklärung nicht möglich ist. Man bezeichnet solche Phänomene als *paranormal* (paranormal = jenseits des Normalen). Seit ca. hundert Jahren versucht eine neue Wissenschaft den Bereich des Paranormalen durch systematische Beobachtung und Theoriebildung der menschlichen Erkenntnis zugänglich zu machen. Diese Wissenschaft nennt sich selbst für gewöhnlich *Parapsychologie*.

Aus ihrer Sicht kann man sagen, daß auch tatsächlich naturwissenschaftlich nicht erklärbare, paranormale Geschehnisse, die bei okkulten Praktiken vorkommen, in den meisten Fällen natürliche, innerweltliche Ursachen haben. Somit wird die okkultistische Annahme, man habe es hier mit numinosen, göttlichen Mächten oder mit Geistern aus dem Jenseits zu tun, überflüssig. In den *beiden ersten Kapiteln* des Buches soll dies gezeigt werden. Zuerst erfolgt eine kurze Darstellung der Grundpositionen der Parapsychologie. Dann werden die einzelnen okkulten Praktiken der kritischen Lauge dieser Wissenschaft ausgesetzt, und es wird sich zeigen, daß sich der Okkultglaube größtenteils zersetzt, nicht dadurch, daß die Tatsachen, auf die er sich stützt, grundsätzlich abgestritten werden, sondern dadurch, daß sie eine andere Interpretation erfahren.

Von der Theologie wurde – und wird teilweise bis heute – den okkulten Praktiken und Phänomenen eine Deutung gegeben, die durch die Parapsychologie ebenfalls als revisionsbedürftig erwiesen wird. Es ist dies die mehr oder weniger undifferenzierte Annahme, man habe es bei okkulten Erscheinungen mit Satan und den Dämonen persönlich zu tun. Im *dritten Kapitel* wird diese theologische These einer Kritik unterzogen. Es wird sich zeigen, daß nicht einmal bei der klassischen Form der Besessenheit angenommen werden kann, daß in den Vorgängen, die sie kennzeichnen, die Dämonen sozusagen unmittelbar ihr Gesicht zeigen. Tiefenpsychologie, Sozialpsychologie und Parapsychologie legen eine andere Erklärung nahe. Wir werden uns dem Problem stellen müssen, wie die christliche Tradition, die solche Vorgänge dämonologisch interpretiert, heute neu verstanden werden kann.

Im *vierten Kapitel* geht es um eine Frage, die für die pastorale Praxis von einiger Bedeutung ist. Viele Menschen wenden sich deswegen spiritistischen Praktiken zu, weil sie meinen, auf diese Weise mit Verstorbenen in Kontakt treten zu können. Diese Praktiken wurden zwar von der Kirche und der Theologie stets abgelehnt, wohl aber hielt man spontane Erscheinungen von Verstorbenen (von „Armen Seelen") für möglich und auch für tatsächlich geschehen, etwa im Leben mancher Heiliger. Auch in unserer Zeit werden in manchen Kreisen vor allem katholischer Volksschichten aktuelle Berichte von Arme-Seelen-Visionen, die bestimmte Seher gehabt haben sollen, kolportiert. Freilich können diese Visionen, mit der kritischen Sonde der genannten Wissenschaften untersucht, wohl kaum als echt bestehen, wodurch sich freilich auch Fragen bezüglich der Echtheit der aus Heiligenleben tradierten Visionen ergeben. In diesem Kapitel werden wir auch überlegen, ob sich aus diesem Befund theologische Konsequenzen – etwa bezüglich der Lehre vom Fegefeuer – ergeben.

Das *fünfte Kapitel* beschäftigt sich mit außergewöhnlichen „charismatischen" Vorgängen, die in christlichem Kontext, vor allem bei pfingstlerischen und charismatischen Gruppen, geschehen: konkret geht es um paranormale Heilungen und um Prophetie. Die Parapsychologie legt auch hier die Annahme natürlicher Vorgänge nahe. Sie sind deswegen kein Glaubensbeweis in dem Sinn, daß in ihnen deutlich würde, daß Gott unmittelbar am Werk wäre unter Ausschaltung der natürlichen Ursachen. Das bedeutet aber, wie gezeigt werden soll, nicht, daß solche Vorgänge nicht in einem tiefen Zusammenhang mit der Anwesenheit Gottes unter den Menschen und seinem Wirken an ihnen stehen können.

Die Überlegungen des Buches laufen darauf hinaus, daß sowohl die „okkulten" als auch die „charismatischen" Vorgänge zunächst natürliche Ursachen haben. Wenn auch Okkultpraktiken vom psychohygienischen Standpunkt aus vielfach gefährlich oder gar destruktiv sind und oft in einer nichtchristlichen Grundhaltung betrieben werden, sollte man doch vorsichtig sein mit der Annahme, in ihnen könne man den Dämonen direkt begegnen; wenn auch charismatische Vorgänge Zeichen des göttlichen Wirkens sein können, so sollte man das nicht so verstehen, daß hier Gottes Wirken an die Stelle der natürlichen Ursachen träte. Beide Annahmen haben dogmatische Engführungen zur Folge: die Charismatiker fühlen sich allzu unmittelbar von Gott selbst legitimiert und geraten in einen falschen Absolutheitsanspruch; die Okkultisten werden zu sehr verteufelt, und es wird ihnen dadurch eine sachlichere Sicht ihrer Praktiken schwer gemacht.

1. KAPITEL

Ergebnisse der Parapsychologie im Überblick

Da für die Überlegungen dieses Buches immer wieder parapsychologische Argumente herangezogen werden, soll zunächst eine kurze Einführung in diese Wissenschaft gegeben werden, wobei wir uns freilich auf eine knappe Skizze beschränken müssen[1].

Die Parapsychologie hält es für gesichert, daß es *außersinnliche Wahrnehmung* (ASW) und *Psychokinese* (PK) gibt. ASW meint die Möglichkeit, „Informationen ohne Gebrauch der normalen fünf Sinne zu empfangen"[2] und umfaßt die Unterarten Telepathie, Hellsehen und Präkognition; PK bedeutet, daß „der menschliche Geist direkt (d. h. nicht über die motorischen Fähigkeiten des Körpers; d. Verf.) auf Materie einzuwirken vermag"[3] (Näheres weiter unten). Die meisten Parapsychologen nehmen an, daß diese Phänomene nahelegen, daß in ihnen nichtmaterielle Prinzipien oder Energien wirksam werden, die gleichwohl „natürlich" – d. h. nicht einer jenseitigen, transzendenten Dimension angehörig – und grundsätzlich empirisch-wissenschaftlicher Forschung zugänglich sind. Man sieht auf den ersten Blick, daß unter der Annahme der Existenz von ASW und PK der Bereich des Okkulten in ein neues Licht tritt.

Im Hintergrund dieses Kapitels steht meine durch eigene Erfahrungen und parapsychologische Studien erhärtete Überzeugung, daß es paranormale Phänomene gibt und daß sie von der Parapsychologie in seriöser Weise erforscht werden. Die Parapsychologie hat ihre Methoden ständig verfeinert. Sie macht umfangreiche und komplizierte Vorkehrungen, um Irrtümer und betrügerische Manipulationen auszuschalten. Trotzdem wird ihre Seriosität und die Existenz ihres Forschungsgegenstandes auch heute noch von ihren Kritikern bezweifelt. Hinter solchen Zweifeln steht jedoch allzu deutlich ein Vorurteil: das dogmatisch festgehaltene Axiom von der Erklärbarkeit von allem, was geschieht, durch die Prinzipien der klassischen Naturwissenschaft. Anhänger dieses Axioms gehen davon aus, daß die von der Parapsychologie erforschten Phänomene nicht existieren; die Parapsychologen seien samt und sonder Getäuschte oder Betrüger[4].

Nun gibt es auch im Bereich des Normalen Dimensionen der Wirklichkeit, die durch die Erklärungsmodelle der Physik, Chemie, Biologie, Medizin sowie der naturwissenschaftlichen Psychologie und Soziologie nicht eingefangen werden können. Der menschliche Geist und seine spezifischen Fähigkeiten zu erkennen, frei zu wollen und sich liebend zu engagieren sowie seine mit diesen Fähigkeiten verbundene Macht, in gewissen Grenzen über seinen Leib und die Welt zu verfügen, entziehen sich naturwissenschaftlicher Forschungsmethodik. Da sich Psychologie und Soziologie, wenn sie wirklich Human-(Menschen-)Wissenschaften sein wollen, immer auch irgendwie mit dem menschlichen Geist beschäftigen müssen, sind ja auch sie nur teilweise zu den Naturwissenschaften zu rechnen.

Viele Parapsychologen sind der Meinung, daß hinter den paranormalen Phänomenen der Einfluß einer psychischen bzw. geistigen Energie steht. Das würde bedeuten, daß geistig-psychische Energien in einem weiter gesteckten Bereich wirken, als man bisher annahm – wenn man überhaupt das Eigensein des Geistigen und Psychischen gelten ließ und nicht auf die Materie zurückführte.

Wie diese geistig-psychische Energie hinter den paranormalen Phänomenen des näheren beschaffen ist, darüber besteht freilich innerhalb der Parapsychologie keine Klarheit. Ich meine, daß diese Frage letztlich nur auf dem Hintergrund der grundsätzlichen philosophischen Frage nach dem Verhältnis von Seele und Leib, ja von Geist und Materie überhaupt anzugehen und zu klären ist. Dazu können freilich nur einige Andeutungen gemacht werden. Auf der Grundlage der in dieser Frage von mir vertretenen Position werde ich mir die Freiheit nehmen, mich bestimmten parapsychologischen Theorien anzuschließen, für gewöhnlich ohne dabei die Theorie-Diskussion ausführlich zu referieren, da dies den Rahmen des Buches weit überschreiten würde.

1. Außersinnliche Wahrnehmung

Hans Bender, bis 1975 Professor für Psychologie und Grenzgebiete der Psychologie – das Fachgebiet umfaßt vor allem die Parapsychologie – an der Universität Freiburg i. Br., bestimmt die oben bereits genannten Formen der ASW so: „Als Telepathie bezeichnet man die Übertragung eines seelischen Vorganges – es können Gedanken, Bilder, Gefühle, Empfindungen sein – von einer Psyche auf eine andere ohne Vermittlung der uns bekannten Sinnesorgane. Unter ‚Hellsehen‘ wird im Unterschied zum allgemeinen Sprachgebrauch die außersinnliche Erfahrung von objektiven Sachverhalten verstanden, die niemandem bekannt sind. Präkognition ist bestimmt als das Vorauswissen eines niemandem bekannten Vorgangs, für den keine zureichenden Gründe bekannt sind, die ihn auf eine normal erschließbare Weise herbeiführen können, und der sich nicht als Folge des ‚Vorauswissens‘ einstellen kann"[5].

a) Spontane Phänomene

Die Erforschung von paranormalen Vorgängen erfolgt in einem ersten Schritt dadurch, daß Berichte der Bevölkerung über „spontane Phänomene", d. h. einschlägige Erlebnisse, gesammelt und möglichst gut dokumentiert werden. Im folgenden zunächst einige Beispiele für *Telepathie,* berichtet von der amerikanischen Parapsychologin Louisa E. Rhine:

Ein Arzt in Pennsylvania, gerade unterwegs zu einem Ischias-Patienten, fühlte sich plötzlich unwiderstehlich gedrängt, zu einer anderen, in entgegengesetzter Richtung wohnenden Patientin zu fahren. Seine „absolute Gewißheit", daß sie seine Hilfe braucht, bestätigt sich: bei der Schwangeren hatten unerwarteterweise die Wehen eingesetzt, sie konnte gerade noch ins Spital gebracht werden[6].
Ein Mädchen, Lois, hing sehr an ihrer Schwester Alicia, die sich verheiratet hatte und verzogen war. Lois denkt intensiv an das junge Paar und versucht, es sich vorzustellen. Plötzlich sieht sie „vor ihrem inneren Auge" die beiden an einem Ecktisch eines Restaurants beim Bestellen des Essens. Sie hält zunächst alles für Einbildung, auch daß sie an ihrer Schwester genau wahrnimmt, welche Kleider sie anhat. Fünf Minuten später ruft Alicia aufgeregt an: Eben sei sie mit ihrem Mann in einem

Restaurant. Beim Bestellen des Essens sei sie an der Schulter berührt worden, Lois habe sich über sie gebeugt und „Hi" gesagt. Es stellte sich heraus, daß Alicia und ihr Mann wirklich an einem Ecktisch saßen und daß die von Lois „gesehenen" Kleider tatsächlich von Alicia getragen wurden[7].

Telepathie kann auch über *Träume* funktionieren:

Eine Mitarbeiterin Hans Benders sah im Traum das Bild der Mona Lisa; vor dem Bild stand ein großer grauhaariger Mann, der sich plötzlich umdrehte und sie fragte: „Sind Sie jetzt die Mona Lisa oder ist es die auf dem Bild?" Zwei Tage später schrieb jener Mann, der Benders Mitarbeiterin flüchtig kennengelernt hatte und tatsächlich groß und grauhaarig war, er habe im Louvre Leonardo da Vincis Meisterwerk bewundert; dabei sei ihm die erstaunliche Ähnlichkeit der Mona Lisa mit jener betreffenden Dame aufgefallen[8].

Eines der bekanntesten Beispiele für *Hellsehen,* bei dem nicht psychische Inhalte, sondern objektive Tatbestände außersinnlich wahrgenommen werden, ist Emanuel Swedenborgs in Göteborg – gleichzeitig mit dem Ereignis selbst – geschaute Vision der großen Feuersbrunst in Stockholm im Jahr 1759, ein hellseherisches Erlebnis, das auch Immanuel Kant in Erstaunen versetzte[9]. Ein weiteres Beispiel für diese Form von ASW:

Der zehnjährige Sohn einer Familie hatte bereits seine zweite Armbanduhr verloren. Sie war lange und gründlich gesucht worden – vergeblich. Eines Tages sitzt die Mutter lesend in einem Lehnstuhl. Plötzlich hört sie etwas wie ein Ticken. Wie in einem Zustand von Geistesabwesenheit fährt sie mit der Hand unter den Polster des Stuhles und zieht die Armbanduhr hervor. Die Uhr ging allerdings nicht, sie war ja schon lange abgelaufen[10].

Es läßt sich oft nicht entscheiden, ob bei einer ASW Telepathie oder Hellsehen vorliegt. So wäre es z. B. möglich, daß Swedenborg nicht die objektiven Ereignisse des Brandes von Stockholm visionär geschaut, sondern sie aus dem Bewußtsein beteiligter Personen telepathisch übernommen hat. Experimente haben allerdings erhärtet, daß es beide Formen von ASW gibt.

Die *Präkognition* ist die für das naturwissenschaftliche, aber auch für das philosophische und theologische Denken am schwersten einzuordnende Form von ASW, da sie sich auf die

Zukunft bezieht, also etwas wahrnimmt, was noch gar nicht existiert und sich auch aus der Gegenwart nicht vorausberechnen läßt. So etwa in folgendem Beispiel:

Eine Frau, deren Mann von Beruf Pastor war, träumte, daß ihr Mann während einer Predigt starb. Sie mußte sich durch eine große Menge von Kirchgängern einen Weg bahnen, um zu ihm zu gelangen. Hinter einem Samtvorhang fand sie ihn tot liegen. Etwa zwei Jahre nach diesem Traum verlor ihr Mann nach einer die Frau sehr beeindruckenden Predigt das Bewußtsein und wurde weggetragen. Sie bahnte sich einen Weg durch die Menge. Hinter einem grünen Samtvorhang lag ihr Mann – tot[11].

Ein eindrucksvoller Fall von Präkognition ist mit praktischer Anwendung von Hellsehen verbunden:

Wieder handelt es sich um den Traum einer Frau, den sie noch in der Nacht ihrem Mann und am nächsten Morgen auch anderen Menschen erzählte. Sie war mit ihrem Mann, ihrer Schwester und ihrem Schwager auf einer Alpenwanderung. Auf einer Alm wollte man sich erfrischen und schöpfte aus einem Blechtrog Wasser. Dieses war zum Schrecken der Träumerin rötlich gefärbt, und sie erblickte am Grund des Troges eine weibliche Gestalt, während ihre Schwester verschwunden war. Drei Wochen, nachdem die Frau das geträumt hatte, verschwand ihre unglücklich verheiratete Schwester spurlos. Nachforschungen blieben ohne Ergebnis. Ein Pendler erklärte schließlich, sie sei ertrunken. Nach seinen Angaben wurde tatsächlich ihre Leiche gefunden. Bei ihrer Identifizierung durch ihren Mann, ihre Schwester und deren Mann lag die Tote in einem Blechtrog. Blut aus einer Wunde hatte das aus ihren Kleidern sickernde Wasser rot gefärbt[12].

b) Quantitativ-statistische Experimente

Joseph B. Rhine, amerikanischer Parapsychologe und verheiratet mit Louisa E. Rhine, hat erstmals mit quantitativ-statistischen Methoden Versuchspersonen systematisch auf ihre paranormalen Fähigkeiten getestet. Oft verwendet man für solche Experimente 5 gleiche Sätze von von je 5 Karten, jede einzelne Karte eines Satzes trägt eine geometrische Figur. Die 25 Karten werden gut gemischt, und die Versuchspersonen bemühen sich zu erraten, in welcher Reihenfolge die Karten liegen. Macht man eine genügend große Anzahl von Versuchen, dann ist dabei eine durchschnittliche Trefferanzahl von je 5 pro Versuch zu erwarten: dieser Wahrscheinlichkeitswert läßt sich theoretisch bestimmen und auch empirisch nachweisen. Eine höhere Durchschnittszahl von Treffern, die einzelne Versuchspersonen in einer Versuchsreihe machen, weist darauf hin, daß sie Eindrücke von Karten über ASW empfangen können. Wenn die Lage der Karten dabei niemandem bekannt ist, muß man Hellsehen annehmen; wenn das Experiment so ausgeführt wird, daß jemand sich die Karten nur vorstellt, ohne daß sie wirklich vorhanden sind, und die Versuchsperson errät eine größere Anzahl dieser vorgestellten Karten, als es statistisch zu erwarten wäre, ist das ein Indiz für Telepathie; werden die Karten erst nach der Aussage der Versuchsperson gemischt und diese erzielt im vorhinein signifikante Trefferzahlen, ist Präkognition im Spiel[13].

„Für alle drei Formen der ‚außersinnlichen Wahrnehmung' sind mit ständig verbesserten Versuchsmethoden signifikante Ergebnisse erzielt worden, am eindeutigsten für Hellsehen und Telepathie. Die Ergebnisse sind von psychischen Faktoren abhängig: von der Einstellung der Versuchspersonen, vom ‚Klima' (Spannung, Wettstreit, Erwartung), weiter auch von Eigenschaften des Versuchsleiters, der die ‚Feldsituation' erheblich mitzubestimmen scheint. Die Resultate sind nicht beliebig wiederholbar: parapsychische Fähigkeiten scheinen eine Funktion des Unbewußten zu sein und sind nicht willkürlich einsetzbar"[14].

c) Qualitative Experimente

Bei einem solchen Versuch wird ein „Sensitiver" – eine paranormal besonders begabte Person – dazu verhalten, seine ASW-Fähigkeiten auf eine bestimmte Weise zu demonstrieren. Man gibt ihm z. B. einen *Induktor,* einen Gegenstand, der einer ihm unbekannten Person gehört oder zu ihr in Beziehung steht. Der Sensitive versucht nun, über diese Person Aussagen zu machen. ASW mittels Induktor wird für gewöhnlich *Psychometrie* genannt. Ernst Benz umschreibt diese als „die Fähigkeit, anhand eines Gegenstandes dessen Schicksal in vergangener, gegenwärtiger und vielleicht auch kommender Zeit abzulesen"[15].

Der verstorbene Utrechter Parapsychologe Willem H. C. Tenhaeff berichtet über ein psychometrisches Experiment:
Einer sensitiven Malerin wurde ein Ring als Induktor gegeben. Sie beschrieb dessen Besitzerin als sympathische junge Frau, die jedoch ihren Mann wegen ihrer Frigidität in Verzweiflung brächte. „‚Ich sehe‘, so sprach sie, ‚diese Frau mit dem Kopf in der Achsel ihres Mannes schlafen. Sie findet es herrlich, bei ihrem Gatten im Bett zu liegen und sich von ihm küssen zu lassen. Aber sie weist ihn schroff zurück, wenn er von ihr noch mehr verlangt. Sie hat oft Anfälle von Eifersucht, die sich hauptsächlich gegen ihre Schwester richten. In solchen Augenblicken wirft sie alles kaputt, was ihr in die Hände kommt, und spuckt ihrer Schwester ins Gesicht...‘" Die tatsächliche Situation der Eigentümerin des Ringes war in allen Einzelheiten so, wie sie die Malerin beschrieb[16].

Der bekannte Sensitive Gerard Croiset wurde von Tenhaeff jahrzehntelang beobachtet.

Als einmal ein Juwelendiebstahl aufgeklärt werden sollte, wurde Croiset ein Ziegelstein überreicht. Offenbar war damit das Schaufenster des Geschäftes eingeschlagen worden. In Croiset entstand das Bild eines etwa achtjährigen Waisenknaben, der in einem Verhältnis dauernder Auflehnung zu seinem Erzieher lebte und von diesem mehrmals übers Knie gelegt oder mit dem Rohrstab gezüchtigt wurde. Als die Polizei bei einem neuerlichen Juwelendiebstahl den Täter verhaftete, stellte sich heraus, daß Croisets Angaben für dessen Kindheit zutrafen[17].

Vielfach wurden mit Sensitiven sogenannte *Platz-Experimente* durchgeführt, bei denen der Sensitive anhand eines Stuhlplanes vorauszusagen versucht, wer bei einer zukünftigen Veranstaltung auf einem bestimmten Stuhl sitzen wird. Croiset demonstrierte bei solchen Versuchen seine präkognitive Begabung, indem er Aussehen und Lebensumstände ihm unbekannter Personen, von denen er voraussah, daß sie einen bestimmten Stuhl wählen würden, bis ins einzelne beschrieb[18].

Für unseren Zusammenhang ist entscheidend, was Hans Bender ganz allgemein zur Charakterisierung von auf ASW beruhenden Eindrücken von Sensitiven sagt: Sie haben eine „traumartige Struktur", oft sind sie so unverständlich, wie Träume sein können. „Sensitive haben kein Kriterium für die Realitätsbezogenheit ihrer Eindrücke, sie vermögen nicht zu unterscheiden, was

Phantasie, was telepathische oder präkognitive Information oder Mischform ist. Häufig kann man bei qualitativen telepathischen Experimenten feststellen, daß – etwa bei der Verwendung von Zeichnungen als Zielobjekt – die Form vom telepathischen Empfänger richtig wiedergegeben, aber die Bedeutung nicht erkannt wird. Auffallend ist auch der häufig fragmentarische Charakter der telepathischen Information . . ."[19]
Entscheidend für die „Auswahl" der durch ASW übermittelten Inhalte ist deren emotionale Färbung. Was für den Empfänger von ASW oder – bei Telepathie – auch für den Sender des paranormal wahrgenommenen Gehaltes emotional stark besetzt ist, eignet sich offensichtlich gerade wegen dieser Bedeutsamkeit dazu, auf paranormalem Weg übermittelt zu werden.

Die oben erwähnte sensitive Malerin war von ihrer Persönlichkeitsstruktur her vor allem auf Gegebenheiten der sexuellen Sphäre ausgerichtet, und ihre paranormale Begabung stand im Dienst dieses Bedürfnisses[20]. Gerard Croiset war als Knabe selbst einige Zeit in einem Waisenhaus untergebracht und hatte dort ähnliche Züchtigungen erlebt wie der Juwelendieb in seiner Kindheit. Darum erkannte er von diesem gerade dieses lange zurückliegende Detail seines Lebens[21]. Hans Bender berichtet von einem Telepathie-Experiment, bei dem der Sender auf eine in einem anderen Zimmer schlafende Versuchsperson Bilder übertragen sollte; statt dessen aber empfing die Versuchsperson im Traum Phantasien des Senders, die an starke Magenschmerzen anknüpften, an denen er gerade litt[22].

2. Psychokinese

PK kann bestimmt werden als „psychisch ausgelöste Fernwirkung". Nach den Forschungen der Parapsychologie können „Menschen bzw. Organismen auf eine zur Zeit physikalisch nicht erklärbare Weise auf die Dinge der Körperwelt einwirken"[23]. Wenn man ASW als erwiesen annimmt, legt sich die Annahme von PK von selbst nahe, da ja auch im normalen Verhalten Wahrnehmung und motorische Reaktion eng miteinander verbunden sind[24]. Zum Bereich der PK gehören: „das angebliche Stehenbleiben von Uhren oder Zerbrechen von Spiegeln zur Zeit eines Todesfalls, die immer wiederkehrenden physikalischen Erscheinungen des umstrittenen ‚Spuks' und weiter unerklärliche Bewirkungen, die an ganz wenige Individuen, die sogenannten ‚physikalischen Medien', geknüpft sind"[25]. Auch die Beeinflussung lebender Organismen, z. B. die Beschleunigung des Wachstums von Pflanzen oder die Heilung von Wunden, auf dem Weg psychischer Beeinflussung ist hier zu nennen[26].

Zum Erweis der aus Spontanfällen längst vermuteten PK wurden – ebenfalls zunächst von Joseph B. Rhine – quantitativ-statistische Experimente durchgeführt: „Versuchspersonen sollten erreichen, daß bei fallenden oder in einem Drahtzylinder rotierenden Würfeln bestimmte Punktezahlen überzufällig nach oben zu liegen kommen"[27].

Diese und zahlreiche analoge Experimente lieferten signifikante Resultate. Eindrucksvoller sind freilich – wie auch bei ASW – die Ergebnisse der qualitativen Experimente. Solche wurden mit *physikalischen Medien* durchgeführt, mit Menschen, die über die Fähigkeit verfügen, auf paranormalem Weg physikalische Wirkungen zu erzielen, über PK-Fähigkeit.

In der Sowjetunion machte man erfolgreiche Versuche, die auch gefilmt wurden, mit dem Medium Nina Kulagina, die vor ihr liegende Gegenstände wie Zündhölzer, Zigaretten, Gläser und Tassen durch bloße psychische Konzentration bewegen konnte[28].

Großes Aufsehen erregte der Israeli Uri Geller, dessen paranormale Fähigkeiten freilich wegen spektakulärer Mißerfolge, die er manchmal – etwa auch bei einem Auftritt im österreichischen Fernsehen – erlitt, umstritten sind. Hans Bender schreibt über ihn: „Ich habe mich persönlich von seinen medialen Fähigkeiten überzeugen können, weiß aber auch durch verläßliche Zeugenberichte, daß er trickst"[29]. Geller vermag – bei entsprechender persönlicher Disposition und günstigen Bedingungen – *metallische Gegenstände* wie Löffel, Gabeln oder Schlüssel durch bloße Berührung oder leichtes Bestreichen *zu verformen* oder *abzubrechen* und stehengebliebene oder gangunfähig gemachte Uhren zum Gehen bringen[30]. Noch eindrucksvoller erscheinen die psychokinetischen Fähigkeiten des Mediums Silvio, der von ihm auf paranormalem Weg zerbrochene Gegenstände nahtlos wieder zusammenfügte[31].

Ein anderer Typus psychischen Einwirkens auf materielle Systeme besteht in den in zahlreichen Versuchen demonstrierten *Gedankenfotografien,* die durch das Chicagoer Medium Ted Serios produziert wurden. Dieser übertrug seine Phantasievorstellungen psychokinetisch auf den Film einer Polaroid-Kamera, und zwar in dem Augenblick, in dem er mit der Hand nach unten schlug und ein Blitz ausgelöst wurde[32]. Als „akustisches Gegenstück" zu diesem Phänomen bezeichnet Hans Bender die *Stimmen auf Tonband:* „Forscher und mittlerweile auch eine kaum überschaubare Zahl von Amateuren behaupten, daß sich bei gewöhnlichen Mikrophonaufnahmen auf Magnet-Tonband beim Abspielen fremde Stimmen vorfinden . . ."[33] Diese „Einspielungen" sind wohl als „psychokinetische Wirkung der Experimentatoren auf das Tonbandgerät" [34] zu erklären.

Nicht nur auf anorganische Gegenstände scheint psychokinetische Einwirkung möglich, sondern auch auf Organisches. Louisa E. Rhine berichtet vom Experiment einer Frau, die versuchte, das Wachstum von Gerste psychokinetisch zu beschleunigen. Das Ergebnis war bemerkenswert; freilich lag keine präzise Versuchsanordnung vor[35]. Eindrucksvoll ist das Resultat, das ein Mediziner erzielte, der seine Versuchspersonen dazu angehalten hatte, das Wachstum von Krankheitserregern durch mentale Konzentration zu hemmen. Von den 39 Tests, die „unter scharf kontrollierten Bedingungen" durchgeführt wurden, „erwiesen sich 33 als Treffer und nur 3 als Versager, während 3 als unentschieden angesehen wurden"[36].

Das Ergebnis dieser Versuche legt natürlich die Annahme nahe, daß auch Krankheiten auf psychokinetischem Weg beeinflußbar sein könnten. Auch in dieser Richtung wurde experimentiert. Der Versuch, den Heilungsprozeß von 300 Mäusen, denen man allen die gleiche Verletzung zugefügt hatte, paranormal zu beeinflussen, schien ein positives Ergebnis zu haben: die Wunden der Tiere, auf deren Heilung sich eine Versuchsperson, die glaubte, über paranormale Heilkräfte zu verfügen, konzentrierte – der

„Heiler" nahm täglich zweimal 15 Minuten die Käfige in seine Hände –, heilten schneller als die Wunden der anderen. Das Resultat war jedoch zu wenig eindeutig[37]. Sehr auffällig verlief aber eine Reihe von Experimenten, mit Äther betäubte Mäuse paranormal zu beeinflussen. Verschiedene Personen versuchten in mehreren Durchgängen mit je 24 Einzelexperimenten, eines von zwei bewußtlosen Tieren durch bloße Konzentration (aus einem Nachbarraum) zum Erwachen zu bringen. Vier Versuchspersonen erwiesen sich als begabt: die beste brachte es auf im Durchschnitt 19 erfolgreiche Versuche[38].

Paranormale Spontanphänomene, die mit einer gewissen Wahrscheinlichkeit auf PK zurückgehen, treten im *Spuk* auf. Er ist gekennzeichnet durch „ein unerklärliches Verhalten im Bereich der körperlichen Dinge, der materiellen Systeme"[39]. Hans Bender referiert folgendes Beispiel, das sich 1968 in Oberbayern ereignete:

„Es wurde an Fenster und Türen geklopft, Steine drangen in die Wohnung ein, nach den Aussagen zahlreicher Zeugen auch in geschlossene Räume. Gegenstände flogen durch die Räume, manchmal in anomaler Flugbahn oder wurden irgendwo versteckt und tauchten später wieder auf. In den Hüten von Besuchern fanden sich plötzlich aufgeschlagene Eier, Wäsche kam aus den Schubladen, Puppen wurden entkleidet in sexuellen Positionen gefunden, Schuhe mit Wasser gefüllt . . . Am auffälligsten waren anscheinende Penetrationsphänomene. Als der Ortsgeistliche das Haus aussegnete, fiel in der geschlossenen Küche ein Stein von der Decke und blieb auf dem Vorsprung einer Kommode wie angeklebt liegen. Als der Priester den Stein aufhob, fühlte er sich warm an. Zeugen berichteten, daß aus einer geschlossenen Glasvitrine in der Küche Gegenstände herausgekommen und in der gegenüberliegenden Ecke des Raumes niedergefallen seien." Ein Rechtsanwalt, dem von solchen Penetrationsphänomenen berichtet wurde, „stellte zwei besonders häufig bewegte Gegenstände – zwei Fläschchen, die Parfüm und Tabletten enthielten – auf den Küchentisch, bat alle Bewohner, das Haus zu verlassen, schloß Fenster und Türen und ging selbst hinaus. Nach kurzer Zeit erschien die Parfümflasche in der Höhe des Daches außerhalb des Hauses und etwas später die Tablettenflasche, beide fielen nicht geradlinig, sondern im Zickzack"[40].

Dieser Spuk hatte wie auch viele andere von Hans Bender beobachteten Spukphänomene einen „Auslöser" bzw. eine „Fokus-

person": es war dies ein dreizehnjähriges Mädchen: „Nur wenn sie im Hause war, passierte das Außergewöhnliche"[41]. Spukauslöser sind für gewöhnlich unter starken emotionalen Spannungen stehende Menschen, oft handelt es sich um Jugendliche in der Pubertät. Es scheint, daß es dann, wenn sich die Spannungen „in bestimmten Gruppensituationen, Familie, Berufssphäre oder anderen" steigern, zu „rätselhaften aggressiven Entladungen" – wie den eben beschriebenen – kommen kann[42]. In den äußeren Vorgängen drücken sich die inneren Konflikte symbolisch aus. Der Ausdruck trägt oft einen ausgesprochenen „Protestcharakter", „der sich gegen die soziale Umgebung (Familie) des ‚Spukauslösers' richtet"[43]; die Wärme penetrierender Gegenstände und – noch eindeutiger – die im obigen Beispiel referierte sexuelle Position der Puppen kann man als Ausdruck sexueller Spannungen der jugendlichen Fokusperson verstehen[44].
Wie kommt aber dieser Ausdruck energetisch zustande? Auch hier bietet die Parapsychologie zur Erklärung die PK-Hypothese an. Danach sind die Vorgänge „psychisch" verursacht, freilich nicht bewußt – die Fokuspersonen wissen zunächst nicht, daß sie die Urheber der Phänomene sind –, sondern durch unbewußte psychische Schichten[45], die psychokinetisch wirkende „Energie" erzeugen oder vorhandene organisieren können[46].
Während diese Form des Spuks, der *persongebundene Spuk*, auf diese Weise dem Begreifen nähergerückt werden kann, ist die Parapsychologie viel zurückhaltender, wenn es darum geht, den *ortsgebundenen Spuk* in das Koordinatensystem ihrer Annahmen einzubauen. Es handelt sich dabei um an bestimmten Örtlichkeiten – in Schlössern, Pfarrhöfen, alten Häusern – auftretende unerklärliche Geräusche, oft stereotypen Charakters: Poltern, schwere Schritte, Seufzen, Geldzählen; manchmal bewegen sich Gegenstände in den Häusern von selbst (z. B. Öffnen und Schließen von Türen); in vielen Fällen werden auch *Phantome* beobachtet, Erscheinungen von mehr oder weniger deutlich erkennbaren Gestalten, die manchmal Verstorbenen gleichen, die vor kürzerer oder längerer Zeit aus dem Leben geschieden sind. Solche Geschehnisse können sich in mehr regelmäßi-

gen oder unregelmäßigen Abständen ereignen; manche sollen sich über Jahrhunderte hingezogen haben[47].

Im Licht der parapsychologischen Forschung, die zahlreiche Fälle solchen Spuks dokumentiert hat[48], gewinnen auch Berichte aus vergangenen Zeiten an Glaubwürdigkeit, auch wenn sie nicht mehr verifiziert werden können. So etwa die bekannte Geschichte, die der römische Schriftsteller Plinius der Jüngere (62–115) überliefert:

In einem Haus in Athen wurde in den Nächten oft ein Gespenst gesehen: ein abgezehrter, schaurig aussehender Greis mit langem, weißem Bart und wirr um den Kopf herumhängendem Haar. An Händen und Füßen trug er Ketten, die einen fürchterlichen Lärm erzeugten. Die Bewohner des Hauses gerieten in Angst und Schrecken; Krankheit und Tod waren die Folge der Nervenbelastung. Ein Philosoph, der das Haus billig erwarb, sah das Gespenst ebenfalls. Als es ihm mit dem Finger dringlich zuwinkte, folgte er ihm in den Hof, wo es plötzlich verschwand. Am nächsten Tag wurde an der betreffenden Stelle der Boden aufgegraben. Man fand ein Skelett in schweren Ketten. Die Gebeine wurden öffentlich rituell begraben. Damit war der Spuk zu Ende[49].

Von einem Spukfall auf Schloß Bernstein im Burgenland gibt es vielleicht sogar eine Fotografie[50]. Viele Zeugen bestätigen, daß sie dort immer wieder ein Phantom gesehen hätten. Man nannte dieses Phantom die „Weiße Frau". Die meisten Berichte handeln von Erlebnissen aus den Jahren 1910 bis 1913. Im folgenden eine Zusammenfassung verschiedener Beschreibungen:

In einem Lichtkegel „wandelt eine kleine, äußerst zierliche Frauengestalt mit vollem, über die Schulter fallendem Haar, traurig ins Leere starrenden Augen, etwas nach links geneigtem Kopf, an den Hals oder die linke Wange geschmiegten gefalteten Händen... Auf dem Haupte trägt die Gestalt eine sogenannte Párta – einen ungarischen, kronenartigen Frauenschmuck – aus deren Mitte das grüne Licht am intensivsten leuchtet. Ein weißer, durchscheinender Schleier hüllt die Gestalt zum Teil ein. Sie erscheint ganz unerwartet, um plötzlich wieder zu verschwinden und in derselben Minute schon an einem anderen Teil des Schlosses wieder aufzutauchen. Ihr Gang ist rasch und schwebend... Ihrem Erscheinen geht ein leichtes knisterndes Rauschen, wie etwa von schleppenden Seidenkleidern voraus..."[51]

Auch manche von solchen Vorgängen gehen vielleicht auf von lebenden Menschen ausgehende paranormale Wirkungen zurück. Die Phantome können visuelle Halluzinationen sein, die von denen, die den betreffenden Verstorbenen gekannt haben, ausgehen, und von denen, die das Phantom wahrnehmen, telepathisch empfangen werden[52]. Die Geräusche wären analog als akustische Halluzinationen aufzufassen. Die objektiven Phänomene (Türenschlagen) aber würden aus affektiven Spannungen resultieren, die vom Spukauslöser bzw. von denen, die den Spuk erleben, ausgehen und sich in psychokinetischen Phänomenen ausdrücken. Freilich wirken diese Hypothesen ziemlich kompliziert und reichen kaum hin, um z. B. Spukerscheinungen zu beschreiben, die Jahrzehnte dauern.

Es scheint, daß hier etwas „undefinierbar ‚Objektives' im Spiel ist"[53], etwas, das an die Räume und Wände des Gebäudes, in dem der Spuk auftritt, gebunden ist. Diese provozieren wie ein Induktor Eindrücke von Geschehnissen aus der Vergangenheit. Die Eindrücke manifestieren sich im Phantom und in den Begleitumständen. Die Phantome erwecken manchmal den Anschein „reale(r) Objekte", von „etwas, das wie Materie ausgedehnt ist und zugleich dem Seelisch-Geistigen ähnelt, durch die Tatsache, daß es Spuren früherer Erfahrungen gespeichert hat"[54].

Mancher Leser, der den Erörterungen des vorliegenden Buches bis hierher gefolgt ist, mag sich fragen: Drängt sich nicht spätestens hier eine ganz andere Erklärung der paranormalen Phänomene auf? Spricht beim ortsgebundenen Spuk der Anschein nicht viel eher dafür, daß sich hier Geister von Verstorbenen bemerkbar machen? Wäre das nicht eine viel einfachere und verständlichere Hypothese als die Annahme jener mysteriösen paranormalen Energie? Vielleicht – so könnte man fortfahren – sind auch bei anderen paranormalen Vorgängen Wesen aus dem Jenseits, Geister, im Spiel: etwa beim personengebundenen Spuk dämonische Wesen.

In den beiden folgenden Abschnitten soll auf diese Problematik eingegangen und versucht werden, das Wesen der hier wirksamen psychischen Energien noch etwas zu verdeutlichen. Die Parapsychologie bezeichnet sie mit dem griechischen Buchstaben *Psi* (von Psyche, ein griechisches Wort, das auf deutsch Seele bedeutet). Ich meine, daß damit nicht einfach nur eine große Unbekannte gesetzt sondern etwas anvisiert wird, das bis zu einem gewissen Grad dem Verständnis nähergebracht werden kann. Es soll aber auch die eben angesprochene „spiritistische" Erklärung, die annimmt, daß zumindest manche paranormale Phänomene von persönlichen Geistwesen hervorgerufen werden, skizziert werden.

3. Zur Erklärung paranormaler Phänomene

Schon in der bisherigen Darstellung wurde im Anschluß an die Meinung vieler Parapsychologen davon ausgegangen, daß es nicht möglich ist, paranormale Phänomene auf physikalische Energien zurückzuführen. Eine solche Erklärung läge ja zunächst einmal nahe. Man könnte annehmen, daß zwischen dem paranormal (durch ASW) wahrnehmenden oder (durch PK) wirkenden Menschen und dem Gegenstand seiner Wahrnehmung bzw. seines Wirkens eine physikalische Energie – z. B. elektromagnetische Wellen – im Spiel sei. Es besteht aber weitgehend Einigkeit darüber, daß die Möglichkeit einer solchen Erklärung durch Experimente ausgeschlossen ist[55]. Heute versuchen einige, den paranormalen Phänomenen mit Hilfe von Analogien aus der Quantenphysik näher zu kommen[56]. Wie diese Versuche vom physikalischen Standpunkt aus zu bewerten sind, vermag ich nicht zu beurteilen. Ich bin jedenfalls der Meinung, daß man ohne psychologische und vor allem philosophische Überlegungen nicht auskommt, wenn man paranormale Phänomene begreifen will. Die beiden im folgenden skizzierten Verständnisversuche sind solcher Art.

a) Animismus

Das Wort, das auch in der Religionsgeschichte gebraucht wird, freilich in einem anderen Sinn als in unserem Zusammenhang, kommt vom lateinischen „anima", was „Seele" (griechisch „psyche") bedeutet. Die Theorie des Animismus führt im Gegensatz zum Spiritismus die paranormalen Phänomene nicht auf persönlich gedachte Geistwesen zurück, sondern erklärt sie durch „psychische Energien", die freilich in recht ungewöhnlicher Weise gedacht werden müssen.

Zuerst müssen wir uns ein wenig klar machen, was mit „Seele", „Psyche" eigentlich gemeint ist. Die folgende Skizze ist eine Zusammenschau von Ergebnissen der Psychologie mit einer philosophischen Interpretation.

Psychische Kräfte begegnen uns bereits bei den Tieren. Freilich unterscheidet sich die Seele des Menschen wesentlich von der Tierpsyche. Von jener soll im folgenden die Rede sein, wenn auch zu beachten ist, daß manches vom Gesagten in analoger Form auch auf die Tiere zutrifft und auch sie paranormale Fähigkeiten haben können. Die Seele[57] ist das innere Zentrum des Menschen, die Mitte seines Daseins. Durch die Seele nimmt er die Wirklichkeit wahr und erkennt sie in ihren Strukturen und Gesetzen; durch sie ist er sich seiner selbst bewußt; durch sie vermag er, frei zu wollen und seinen Willen in eine Handlung umzusetzen. Zur menschlichen Seele gehört auch der emotionale Bereich: der Mensch wird von der ihm begegnenden Wirklichkeit betroffen, und seine Betroffenheit äußert sich in Affekten wie Freude, Furcht, Haß oder Liebe.

In allen seelischen Vorgängen ist der Leib des Menschen mitbeteiligt. Die Wahrnehmung funktioniert mit Hilfe der Sinnesorgane; Denken ist nicht möglich ohne die Vorgänge im Gehirn; zum handelnden Eingreifen in die Welt bedient sich der Mensch seines Leibes wie eines Werkzeugs; die Emotionen drücken sich in leiblichen Vorgängen aus. Alle diese leiblichen Regungen sind zwar teilweise naturwissenschaftlich erklärbar: sie spielen sich nach physikalisch-chemisch-biologischen Gesetzen ab; teilweise aber entziehen sie sich naturwissenschaftlicher Erklärung, insofern sie nämlich von den Vorgängen in der Seele hervorgerufen und gesteuert sind. Die Seele ist ein naturwissenschaftlich nicht faßbares Wirkprinzip. Daß sie gleichwohl im Leib wirksam wird

und sich seiner bedient, vermögen wir zum Teil sogar unmittelbar zu erleben, etwa bei willkürlich hervorgerufenen Bewegungen, wo wir sogar davon sprechen, daß sie seelische Energie benötigen, z. B. wenn große Widerstände zu überwinden sind, etwa bei einer Bergtour.
Die Seele umfaßt nicht nur das Bewußtsein, sondern auch das Unbewußte. Dazu gehört einmal das, was der Mensch im Gedächtnis aufbewahrt und dessen er sich jederzeit erinnern kann; aber auch das Vergessene ist nicht einfach verschwunden, sondern bleibt in der Psyche latent vorhanden.
Die Tiefenpsychologie hat uns den weiten Bereich dessen erschlossen, das nicht bloß vergessen, sondern ins Unbewußte verdrängt ist: eine Unzahl von Vorstellungen, Gefühlen und Wünschen, die dem Menschen in irgendeiner Form Angst machen. Durch eine Schicht des Unbewußten ist die Seele tief mit dem Leib verbunden: durch sie werden dem Menschen die körperlichen Triebe bewußt, indem sie sich zunächst in eine unbewußte seelische Spannung umsetzen, die dann dem Menschen ins Bewußtsein dringt. Die tiefste Ebene des Unbewußten liegt dort, wo die Seele gleichsam „eintaucht" in den Leib und ihn als belebendes Prinzip durchdringt. Die Seele ist ja auch der Grund dafür, daß der Mensch leiblich lebendig ist. So fließen in dieser basalen Schicht des Unbewußten leibliches und seelisches Leben gleichsam in eins zusammen. Hier setzen sich auch die leiblichen Vorgänge in seelische um und umgekehrt.
Nach der Skizzierung dieser psychologisch-philosophischen Voraussetzungen sollen nun die Grundzüge einer animistischen Theorie des Paranormalen entwickelt werden. Der Grundgedanke besteht in der Annahme, daß bei paranormalen Vorgängen die Reichweite der psychischen Kräfte erweitert ist, über den eigenen Leib der paranormal wirkenden Person hinaus.
Bei der ASW nimmt die Psyche nicht wie bei der gewöhnlichen Wahrnehmung dadurch wahr, daß sie sich über den ihr zugehörigen Sinnesapparat mittels der vom Gegenstand hervorgerufenen biochemischen Vorgänge im Nervensystem in eine kausale Verbindung mit der wahrgenommenen Wirklichkeit begibt, sondern

sie scheint diese Wirklichkeit *gleichsam unmittelbar zu berühren:* bei der Telepathie tritt sie in direkten Kontakt mit einem anderen Bewußtsein, beim Hellsehen mit einer materiellen Wirklichkeit. In diesen beiden Formen der ASW überspringt sie gleichsam den Raum, was zwar erstaunlich ist, aber doch insofern verständlich, als die Psyche ja selbst unausgedehnt ist und zumindest innerhalb des Leibes der Person auch den ganzen Leib durchdringt, ohne selbst an einen bestimmten Ort im Leib gebunden zu sein. In der Telepathie und im Hellsehen wird ihr Gegenwartsbereich über den eigenen Leib hinaus erweitert.

Schwieriger und für eine Theorie nach wie vor letztlich nur in sehr unbefriedigender Weise faßbar ist die dritte Form der ASW, die Präkognition. Denn hier muß man annehmen, daß die Psyche nicht nur die Schranken des Raumes sondern auch die der Zeit irgendwie überwinden und die Zukunft vorwegnehmen kann. Das bringt aber erhebliche philosophische Probleme mit sich, vor allem die Schwierigkeit, daß die Zukunft von ihrem Wesen her eben noch nicht wirklich ist und es kaum verständlich zu machen ist, wie ein Nichtexistierendes unmittelbar erfahren werden kann. Wenn man nicht zur Lösung Immanuel Kants greifen und die Zeit zu einer subjektiven Anschauungsform des Menschen ohne objektive Realität machen will – manche Physiker neigen heute ähnlichen Annahmen zu –, dann bleibt nur der Ausweg[58], daß in der Präkognition nicht das Zukünftige selbst, sondern nur ein *Vorentwurf des Zukünftigen* wahrgenommen wird, ein dem Geschehen immanentes Bild, auf das es hintendiert. Dieses Bild dürfte man nicht als Vorwegnahme von etwas absolut sicher Eintretendem verstehen: in ihm ist vielmehr nur ein unter den gegebenen Bedingungen wahrscheinliches Ereignis zu sehen. Treten total neue Bedingungen auf, z. B. eine Intervention der menschlichen Freiheit, dann kann eine solche Geschehenstendenz auch abgeändert werden. Die Präkognition ist so gesehen nicht die Erkenntnis einer absolut fixen Zukunft, sondern nur einer wahrscheinlich eintretenden.

Diese Annahme hat zwar den Vorteil, daß unter ihrer Voraussetzung die Präkognition mit der Freiheit des menschlichen Handelns vereinbar ist, aber sie ist auch mit vielen Schwierigkeiten verbunden: Wie soll man sich Vorentwürfe des Zukünftigen, Geschehenstendenzen, näherhin denken? Sind sie etwa in einer Art Weltseele, einem kosmischen Bewußtsein, zu dem der Mensch in der Präkognition Zugang hat, gegeben?[59] Sind sie in die Wirklichkeit objektiv eingezeichnet und können unter gewissen Umständen von der Psyche erahnt werden (in dieser Richtung würde ich persönlich am ehesten die Lösung der Probleme suchen)? Oder ist die Präkognition nur „spiritistisch" zu erklären, als Teilnahme am Bewußtsein höherer geistiger Mächte, die aus den gegebenen Bedingungen in umfassenderer und genauerer Weise das Zukünftige erkennen können als wir Menschen? Vielleicht lassen sich diese Annahmen auch miteinander verbinden, und die Präkognition hat manchmal eine animistische, manchmal aber eine spiritistische Grundlage.

Bei der PK wirkt ein Impuls, der der Psyche entstammt, nicht wie gewöhnlich über den leiblichen Bewegungsapparat des Menschen, sondern unmittelbar auf die Wirklichkeit ein. Normalerweise können psychische Impulse nur im eigenen Leib physikalische Wirkungen haben, und zwar geschieht die Umsetzung des Psychischen ins Physische wohl über den Bereich der kleinsten Bausteine der leiblich-materiellen Wirklichkeit, über den Mikrobereich. Bei der PK nun scheint die Reichweite der Psyche über die Grenze des eigenen Leibes hinaus ausgedehnt, wiederum gleichsam unter Überspringung des Raumes. Vermutlich setzt auch die PK im Mikrobereich ihrer Objekte an. So wären auch Tonbandstimmen, Gedankenfotografien, aber auch die Dematerialisation und Materialisation von Gegenständen irgendwie vorstellbar. Dematerialisation bedeutet irgendeine Form der Auflösung eines Gegenstandes, Materialisation sein plötzliches Erscheinen oder die Wiederherstellung eines dematerialisierten Gegenstandes. Wenn bei einem Spukfall tatsächlich Gegenstände durch andere materielle Systeme penetrieren, d. h. sie durchdringen, dann könnte man das als eine zunächst erfolgende Dematerialisation und eine hierauf geschehende Materialisation des Gegenstandes verstehen.

Bei der psychokinetischen Einwirkung auf lebende Organismen muß man wohl an eine unmittelbare – stimulierende oder hemmende – Beeinflussung der Lebensenergie des betreffenden Wesens denken. Hier wird nicht bloße Materie bewegt, sondern Leben intensiviert bzw. geschwächt, es liegt demnach wohl eine andere Form der PK vor, für die man vielleicht auch einen anderen Begriff prägen könnte.

Nach dem bisher Gesagten ist bei den paranormalen Vorgängen die Ursache in der Psyche des paranormal wahrnehmenden bzw. wirkenden Menschen zu suchen: seine psychischen Kräfte sind dabei über ihren normalen Wirkungsbereich – seinen Leib – hinaus erweitert. Wichtig ist nun noch ein gemeinsames Charakteristikum aller paranormalen Vorgänge: die in ihnen wirksamen psychischen Kräfte entfalten sich immer nur durch die unbewußten Schichten der Person hindurch. ASW geschieht nicht mit Hilfe des bewußten psychischen Wahrnehmungsapparates, ihre Informationen werden vielmehr in der Tiefe des Unbewußten empfangen und „steigen" wie die Inhalte des Unbewußten aus der Tiefe der Person „auf". Sie können wie spontane Einfälle oder Regungen wirken, die gar nicht erkennen lassen, daß sich in ihnen eine Information von einer bewußtseinsunabhängigen Wirklichkeit verbirgt.

So erlebte die Parapsychologin und Erforscherin mystischer Phänomene Gerda Walther die Langeweile, die ein anderer Mensch beim Anhören einer Oper empfand, zunächst wie ein in ihr selbst aufsteigendes Gefühl und ähnlich auch die verzweifelte Liebe einer flüchtigen Bekannten zu einem Priester[60].

Weil ASW auf ihrem Weg zum Bewußtsein die unbewußten Schichten der Psyche sozusagen durchqueren muß, ist es verständlich, daß Menschen besonders empfänglich für solche ASW-Inhalte sind, auf die sie in ihrem Unbewußten ausgerichtet sind, sei es, daß an diesen Inhalten ein besonderes Interesse besteht, sei es, daß sie Angst oder Aversion hervorrufen. Solche emotionale Einstellungen können zwar auch bewußt sein, aber sie bestimmen auf alle Fälle das Unbewußte in hohem Maß.

Analoges gilt auch für die PK. Auch sie funktioniert nur über das Unbewußte. Der bloß bewußte Wille eines Mediums zur psychokinetischen Auslösung von Effekten genügt nicht: es muß vielmehr die entsprechende Einstellung da sein, ein bestimmtes emotionales Klima, in dem das Unbewußte auf die zu erzielenden Wirkungen ausgerichtet ist. Wie das Beispiel des personengebundenen Spuks besonders deutlich zeigt, kann die PK auslösende Dynamik auch zur Gänze im Unbewußten liegen.

Ist auf dem Hintergrund der skizzierten Theorie das mit Psi Gemeinte verständlicher geworden? Ich meine, diese Frage bejahen zu können. Die Theorie betrachtet als Modell für die paranormalen Vorgänge eine Beziehung, die zwar die wissenschaftliche und philosophische Vernunft vor letztlich nicht lösbare Fragen stellt, die uns aber aus der unmittelbaren Erfahrung vertraut ist: es ist die Beziehung der Seele zum Leib. Hier erleben wir die psychische Energie, die den ganzen Leib empfindend wahrnimmt und in ihm wirkt. Hier verhält sich die Psyche dem Materiellen gegenüber teils kognitiv, teils aktiv; sie fühlt unmittelbar die Wirklichkeit ihres Leibes und beeinflußt sie ebenfalls unmittelbar. Psi bezeichnet von diesem Verstehensmodell her dann eine Erweiterung des Bereiches der psychischen Energie über den Binnenraum des individuellen Leibes hinaus. Psi-Vorgänge sind demnach ein Indiz dafür, daß die Souveränität des Psychischen bzw. Geistigen viel weiter reicht, als man bisher annahm. Die weitere systematische Erforschung des Paranormalen könnte so aufs Ganze gesehen eine starke Wandlung des wissenschaftlichen Weltbildes zur Folge haben.

b) Spiritismus

Die Vertreter der spiritistischen Hypothese sind alle auch Animisten, d. h. sie nehmen an, daß viele paranormale Vorgänge durch psychische Kräfte in der skizzierten Weise verursacht werden. Sie glauben aber, daß die animistische Hypothese in manchen Fällen nicht ausreicht und daß bei ihnen viel dafür spricht, daß als Verursacher Seelen verstorbener Menschen angenommen werden müssen[61]. Auf den ersten Blick erscheint diese Hypothese in der Tat sehr oft als dem Phänomen am meisten angemessen. Das von Plinius erzählte Geschehen läßt sich am zwanglosesten deuten, wenn man annimmt, der Verstorbene selbst habe seine Bestattung gewünscht und sich aus diesem Grund bemerkbar gemacht. Auch in der „Weißen Frau" von Schloß Bernstein scheint sich ein „Jemand", ein irgendwie geistig-persönliches Wesen, zu manifestieren.

Nun erwecken auch andere paranormale Vorgänge zunächst diesen Eindruck. Wie noch genauer gezeigt werden soll, kann schon beim Tischerlrücken für die Anwesenden eine überwältigende Gewißheit entstehen, mit Verstorbenen in Kontakt zu sein. Trotzdem sind bei solchen Fällen die Gründe, die aufzeigen, daß diese Gewißheit nicht der Wirklichkeit entspricht, eindeutig und durchschlagend. Man darf in diesem Bereich nie dem ersten Augenschein vertrauen und sich nicht auf subjektive Intuitionen verlassen. Man muß zur Kenntnis nehmen, daß durch die systematische Beobachtung von ASW und PK die spiritistische Erklärung vieler paranormaler Phänomene unwahrscheinlich geworden ist.

Freilich gilt das nicht schlechthin und für alle Fälle. So ist z. B. Willem H. C. Tenhaeff der Ansicht, daß die spiritistische Hypothese zwar nicht als bewiesen gelten könne, für manche Fälle aber gut begründet sei[62]. Hans Bender ist in dieser Frage sehr vorsichtig, meint aber immerhin, man dürfe sich die Erklärung mancher paranormaler Vorgänge nicht zu leicht machen „und etwa alle Probleme als gelöst betrachten, wenn die Reduktion auf außersinnliche Wahrnehmung oder . . . auch Psychokinese plausibel gemacht werden kann"[63]. Bezüglich des ortsgebundenen Spuks wurde Benders nichtspiritistischer Theorieansatz am Schluß des vorigen Abschnittes kurz angedeutet, an derselben Stelle sagt Bender aber auch, daß „solche Phänomene" „zur Zeit noch ein Rätsel"[64] seien.

Wer mit der spiritistischen Hypothese operiert, begibt sich damit noch weiter weg von den Grundprinzipien moderner Naturwissenschaft, als es bereits der tut, der animistisch denkt. Die Annahme, daß Geistwesen in den Lauf der Dinge eingreifen können, sprengt nämlich die von der Wissenschaft vorausgesetzte Geschlossenheit des Weltganzen prinzipiell und steht dadurch im Gegensatz zum Animismus. Dieser setzt immerhin keine „jenseitige" Sphäre an, sondern macht seine Annahmen gerade zu dem Zweck, die paranormalen Phänomene im „Diesseits" einzuordnen. Es ist daher nicht zu verwundern, daß viele Parapsychologen von der spiritistischen Hypothese nichts wissen wollen, da es für sie feststeht, daß die Parapsychologie nur als Naturwissenschaft verstanden und betrieben werden kann. Diesen Status aber kann man in der Tat kaum mit dem Spiritismus vereinbaren. Ist aber nicht der christliche Glaube an der spiritistischen Hypothese positiv interessiert? Gehört nicht zu ihm die Annahme, daß die Menschenseele nach dem Tod fortlebt und daß Engel und Dämonen, also gute und böse Geister, existieren? Im Bereich der katholischen Kirche deutet man z. B. gewisse paranormale Vorkommnisse als Erscheinungen von Armen Seelen, also spiritistisch. Und wenn psychische Ausnahmezustände als Besessenheit bezeichnet werden, ist auch das eine spiritistische Deutung, weil in diesem Fall angenommen wird, ein böser Geist, ein Dämon oder der Satan, sei die Ursache der Besessenheit. Im dritten und vierten Kapitel werden wir uns mit diesen Fragen beschäftigen.

2. KAPITEL

Okkulte Praktiken im Licht der Parapsychologie

Vieles von dem, was bei okkulten Praktiken vor sich geht, läßt sich als Täuschung oder Betrug entlarven. Viele Wahrsager, Magier oder Heiler sind entweder bewußte Scharlatane, oder sie betrügen sich selbst durch ihren Glauben an ihre vermeintlichen übersinnlichen Fähigkeiten. Es gibt freilich auch okkultes Geschehen, dem man mit dieser Beurteilung nicht beikommen kann. Solche Vorgänge sollen in diesem Kapitel einer Prüfung unterzogen werden. Die parapsychologischen Überlegungen des ersten Kapitels im Verein mit anderen wissenschaftlichen – vor allem psychologischen – Theorien werden uns dabei helfen, sie zu erklären, und zwar mit Hilfe der animistischen Hypothese. Wenn eine solche Erklärung gelingt, spricht das gegen jeden vordergründigen Spiritismus. Man kann dann nicht mehr annehmen, daß sich etwa bei spiritistischen Sitzungen Verstorbene zeigen, aber auch nicht, daß in allem Okkultismus direkt und unmittelbar böse Geister (Dämonen) am Werk seien.

1. Radiästhesie

Das Wort Radiästhesie[1] bedeutet *Strahlenfühligkeit*. Durch die damit gemeinte Fähigkeit sind manche Menschen in der Lage, mittels Wünschelrute oder Pendel bestimmte Modifikationen des Erdbodens, vor allem unterirdische Wasseradern, festzustellen.
An der Tatsache selbst läßt sich kaum zweifeln. Seit dem Altertum ist das *Rutengehen* bekannt und wird zum Aufspüren von Wasser praktisch angewendet. Der Rutengeher hält ein zumeist gegabeltes Holzstück oder eine Metallgerte locker in beiden Händen und geht damit über das Gelände. Über Wasseradern bewegt sich das Instrument. Auf diese Weise werden noch heute Brunnen errichtet.
Pendler praktizieren vor allem in Häusern und Wohnungen. Sie gehen davon aus, daß Menschen und Tiere, die sich regelmäßig

auf von unterirdischen Wasseradern und anderen Ursachen hervorgerufenen „Reizstreifen" aufhalten, indem sie z. B. in solchen Zonen schlafen, krank werden. Durch das „Auspendeln" der Wohnungen wollen sie die günstigsten Stellen – etwa zum Schlafen oder zum langen Arbeiten – herausfinden. Sie gehen zu diesem Zweck mit dem Pendel durch die zu untersuchenden Räume. Aus den dabei auftretenden Pendelschwingungen glauben sie erkennen zu können, ob die Bodenbeschaffenheit der Gesundheit abträglich ist oder nicht.

Auch an dieser Praxis ist etwas dran. Die von den Pendlern angenommenen Zusammenhänge scheinen tatsächlich zu existieren, auch wenn man zugeben muß, daß das „heterogene und komplexe Beobachtungsmaterial" „kaum als wissenschaftlich aufgearbeitet"[2] gelten kann.

Es ist die Frage, ob die Radiästhesie überhaupt unter die paranormalen Phänomene fällt. Schon das Wort „Strahlenfühligkeit" deutet ja eine physikalische Theorie an, die in der Tat von vielen praktizierenden Radiästheten und von Erforschern dieser Praxis vertreten wird: man nimmt an, daß der Grund der Phänomene „Erdstrahlen" sind, elektromagnetische Felder, auf die der menschliche Organismus hochempfindlich reagiert[3]. Diese Reaktion würde sich unbewußt auf die Muskeln übertragen; eine unwillkürliche Muskelbewegung würde Wünschelrute bzw. Pendel bewegen. Aber auch die Krankheiten würden durch diese Felder hervorgerufen, dann nämlich, wenn ihnen der menschliche Organismus regelmäßig intensiv ausgesetzt wäre.

Zweifellos spricht einiges für diese Theorie. Speziell für das am besten beobachtete Rutengehen kann man sogar sagen, ein „biophysikalischer Mechanismus" sei „wahrscheinlich"[4]. Die zugrundeliegenden elektromagnetischen Felder scheinen freilich eher komplex zu sein: „Es hat . . . den Anschein, daß eine Vielzahl von Feld- und Strahlungseffekten als Ursache in Frage kommt"[5].

Manche nehmen allerdings an, daß bei der Radiästhesie paranormale Vorgänge zumindest mit im Spiel sind[6]. Dafür spricht, daß manche Radiästheten von verborgenen Gegenständen Wahrnehmungen machen, die sicher nicht in der angegebenen Weise physikalisch erklärbar sind, sondern als Hellsehen bezeichnet werden müssen. „Bei Rutengängern ist . . . häufig folgende Entwicklung zu beobachten: zuerst wird das Grundphänomen praktiziert, dann steigert sich offenbar die Sensibilität, Reizzonen werden nicht nur an Ort und Stelle, sondern schon aus einer gewissen räumlichen Distanz wahrgenommen, die Benutzung der Rute wird überflüssig und durch direkte körperliche Empfindung ersetzt, und schließlich beginnt die ‚mentale', hellseherische Phase, in der sich die betreffende Person oft die Beantwortung nahezu beliebig gestellter Fragen zutraut"[7].

Die gewöhnliche radiästhetische Sensibilität eines Rutengehers oder eines Pendlers, der direkt am Ort arbeitet, ist selbst wohl noch keine paranormale Begabung, sondern eher eine besondere physiologische Wahrnehmungsfähigkeit des Organismus. Sie scheint aber eine gewisse Beziehung zu paranormalen Fähigkeiten zu haben: Radiästheten sind nicht selten auch mit ASW begabt, besonders mit Hellsehen. Menschen, die die physiologische Sensibilität besitzen, mögen demnach auch eine stärkere Grunddisposition für das Paranormale aufweisen. Es handelt sich um in vielfacher Hinsicht Sensible, die sozusagen auf allen möglichen Ebenen Wahrnehmungsantennen ausgefahren haben.

Es besteht schon beim „normalen" Rutengehen und Pendeln bei vielen Menschen eine grundsätzliche Bereitschaft, die Phänomene „religiös" zu interpretieren nach dem bereits in der Einleitung erwähnten Erklärungsschema: Alles, was dem menschlichen Alltagsverstand unerklärlich scheint und vielleicht auch in der Tat naturwissenschaftlich (noch) nicht eingeordnet werden kann, geht auf transzendente, irgendwie numinos gedachte Mächte zurück. Auch der betreffende Radiästhet selbst mag seine Fähigkeit so sehen. Dann wird er aber leicht dazu neigen, sich mehr zuzutrauen, als er tatsächlich zu leisten imstande ist. Denn wer numinose Mächte ins Spiel bringt, wer z. B. meint, er sei in der radiästhetischen Tätigkeit unmittelbar von Gott oder von Engeln oder Heiligen geleitet, fühlt sich als Teilhaber an dem höheren Wissen und der höheren Macht, die diesen Wesen zugeschrieben werden. Dadurch wird aber die Reichweite der zwar ungewöhnlichen, aber doch rein menschlichen Begabung des Radiästheten maßlos aufgebauscht. Er neigt dazu, sich in seinem Bereich für unfehlbar zu halten und sieht nicht, daß sich auch ein begabter Radiästhet oft irren kann: Irren ist hier ebenso menschlich wie in allen anderen Bereichen des Lebens. Er neigt ebenfalls dazu, sich in Fragen für kompetent zu halten, die mit seiner tatsächlichen Begabung nichts mehr zu tun haben.

Es ist also grundsätzlich äußerst bedenklich, wenn ein Radiästhet als Prophet auftritt. Hier ist streng darauf zu bestehen: Radiästhesie ist ein natürliches Phänomen und gibt dazu überhaupt kein Recht.

Selbst dann, wenn ein Radiästhet tatsächlich auch hellseherische Fähigkeiten besitzt – wenn er also z. B. durch Pendeln über Landkarten verborgene Gegenstände ausfindig machen kann –, besteht kein Grund zur Annahme, daß der Betreffende ein direktes Werkzeug von Geistern wäre oder gar, daß Gott selbst unmittelbar wirksam würde. Auch in diesem Fall handelt es sich um einen natürlichen – paranormalen – Vorgang, dessen Bedeutung durch eine religiöse Deutung völlig falsch gewichtet würde. Das geht ja aus dem im ersten Kapitel Gesagten bereits deutlich hervor. Bei der Besprechung einzelner okkulter Praktiken in den folgenden Abschnitten wird immer wieder auf dieser Argumentationsrichtung insistiert werden: Was bei diesen Praktiken vor sich geht, kann weitgehend natürlich erklärt werden und eignet sich nicht als Basis für eine religiöse Weltanschauung.

2. Okkulte Zukunftsschau

In diesem Abschnitt werden die verschiedenen Formen des *Wahrsagens* besprochen. Immer geht es dabei darum, daß Menschen behaupten, in die Zukunft schauen und dadurch denen, die sich an sie wenden, Auskunft über ihr künftiges Schicksal geben zu können. Verschieden sind die Hilfsmittel, die für diese Praktik verwendet werden. Manche sagen, sie könnten die Zukunft aus *Karten* lesen, die nach bestimmten Regeln gelegt werden; andere orientieren sich am Verlauf der *Handlinien* ihrer Klienten; wieder andere stellen die Zukunft mittels *Pendel* fest; häufig ist die Methode des *Kristallsehens,* des Anschauens durchsichtiger oder leuchtender Körper, in denen sich Verborgenes und Zukünftiges visionär zeigen soll (vgl. das Umschlagfoto des vorliegenden Buches); es gibt auch Wahrsager, die keine Hilfsmittel gebrauchen.

Betrachtet man die Aussagen der Wahrsager genauer, dann zeigt sich oft, daß sie so allgemein gehalten sind, daß sie keinen konkreten Wert haben. Was soll man etwa davon halten, wenn ein Kartenleger jemandem, der ihn nach der Zukunft befragt, die Auskunft gibt, der Frager würde in der nächsten Zeit eine wichtige Entscheidung zu treffen haben, oder wenn ein Geschäftsmann, der sich nach dem Fortgang seiner Geschäfte erkundigt, zu hören bekommt, daß sich ihm eine große Chance bieten würde, freilich nur dann, wenn er in nächster Zeit total unkonventionelle Geschäftsmethoden gebrauchen würde? Im ersten Fall ist unbestimmt, welcher Zeitraum als „nächste Zeit" gelten soll; wichtige Entscheidungen sind für viele Menschen immer wieder einmal zu treffen; außerdem ist unbestimmt, welcher Grad von Wichtigkeit der Entscheidung zukommt. Im zweiten Fall bleibt immer der Ausweg, daß die große Chance deswegen ausgeblieben sei, weil der Geschäftsmann eben zu wenig unkonventionelle Methoden angewendet habe.

Die meisten Wahrsager versuchen, die Einstellungen, Wünsche und Erwartungen ihrer Klienten durch geschickte Fragen auszuloten und ihre Aussagen darauf einzustellen. Sind die Klienten naiv genug, dann lassen sie sich davon betreffen, daß die Aussagen so genau auf ihre Situation zugeschnitten sind, und schenken ihnen vorschnell Glauben.

Uns geht es freilich weniger um diese Formen des Wahrsagens, sondern um die, bei denen paranormale Kräfte ins Spiel kommen.

„Psi-begabte Berater erstaunen ihre Klienten oft dadurch, daß sie ohne vorhergehendes ‚Angeln' mehr oder weniger zutreffende Einzelheiten ihrer aktuellen Lebenssituation mitteilen und sich dadurch ein solches Prestige verschaffen, daß Ratschläge und vor allem Zukunftsprognosen unkritisch als bare Münze genommen werden"[8]. Unkritisch ist dieses Vertrauen deshalb, weil die telepathische Begabung, durch die diese Berater Bewußtseinsinhalte ihrer Klienten wahrnehmen können, in keiner Weise auch die Fähigkeit zur Präkognition einschließt. So kann es vorkommen, daß der Inhalt der vermeintlichen Weissagung eine bewußte oder unbewußte Erwartung oder Befürchtung des Klienten ist. Vielleicht leidet er z. B. unter hypochondrischer Krebsangst und wird vom Gedanken verfolgt, er werde an Krebs sterben. Der Wahrsager kann diese Befürchtung telepathisch wahrnehmen und, da er unter Weissagungszwang steht und vielleicht selbst von seinen diesbezüglichen Fähigkeiten überzeugt ist, die in ihm aufsteigende ASW unwillkürlich als Zukunftsprognose deuten: „Sie werden an Krebs sterben." Man kann sich ausmalen, welche Wirkung dieser „Volltreffer" auf den hypochondrischen Klienten ausüben wird. Er wird mit der Überzeugung weggehen, nunmehr eine endgültige Bestätigung seiner Befürchtungen zu haben. In diesem Fall handelt es sich nicht einmal um bewußten Betrug: der Wahrsager wird unbewußt selbst zum Opfer einer Fehldeutung seiner paranormalen Begabung.

Selbst dann, wenn ein Wahrsager wirklich die Fähigkeit der Präkognition haben sollte, ist der Wert seiner Voraussagen zweifelhaft. Denn auch diese seltene paranormale Begabung ist alles andere als unfehlbar. Sie erfaßt oft nur Bruchstücke eines Ereignisses; sie geschieht vielfach in schwer deutbaren Symbolen; sie kann Zutreffendes mit Unzutreffendem verquicken; es kann sein, daß ein Mensch das eine Mal wirklich etwas präkognitiv erfaßt, das andere Mal aber mit seinen Voraussagen total ins Leere trifft. Definitiv verstehen und beurteilen kann man eine Präkognition immer erst im nachhinein, wenn das Vorausgesehene mehr oder weniger eingetroffen ist[9]. Der Versuch, sich präkognitive Kräfte zur Zukunftsschau zunutze zu machen, ist in seinem Erkenntniswert problematisch.

Vom psychohygienischen Standpunkt aus gesehen kann diese Praxis dann sehr gefährlich werden, wenn Unglück vorhergesagt

wird. Viele Menschen geraten völlig in den Bann einer solchen „Prophezeiung". Manchmal führt gerade dieser Bann dazu, daß das Vorhergesagte wirklich eintritt. Die feste Überzeugung von der Unausweichlichkeit eines Unfalls kann in bestimmter Weise disponierte Menschen dahin bringen, diesen Unfall durch unbewußte Manipulationen selbst zu inszenieren.
Auch die Praktik der Zukunftsschau wird oft religiös gedeutet. Auch hier drängt sich vielen der Kurzschluß auf: Übersinnliches hat mit numinosen Mächten zu tun. So gerät der unter Umständen wirklich paranormal begabte Mensch leicht in die Rolle eines von Gott besonders Erleuchteten, der mit göttlicher Autorität auftreten darf. Seine Orakel bekommen das Gewicht besonderer göttlichen Kundgaben. Er selbst ist manchmal ganz ehrlich davon überzeugt. Sehr leicht wird dann seine Kompetenz auch auf seine sonstigen Überzeugungen ausgedehnt: er wird zum religiösen Propheten. Demgegenüber ist festzuhalten: Wenn auch die Präkognition das am schwersten begreifbare paranormale Phänomen ist, so spricht doch alles dafür, daß auch in ihr natürliche Kräfte wirksam sind. Es ist nicht glaubhaft, daß bei den im ersten Kapitel beschriebenen quantitativ-statistischen und auch bei den qualitativen Präkognitions-Experimenten irgendwelche Geister aus dem Jenseits oder gar Gott selbst unmittelbar tätig würden. Außerdem lassen sich, wie gezeigt, Theorien aufstellen, die den Vorgang der Präkognition dem Verständnis immerhin näherbringen. Es gilt also auch hier: Paranormale Fähigkeiten sollen nicht religiös gedeutet werden.
Es ist noch kurz darauf einzugehen, welche Rolle die verschiedenen Hilfsmittel spielen, die bei den Praktiken der okkulten Zukunftsschau gebraucht werden.
Das Pendel fungiert als Anzeiger von unwillkürlichen Muskelbewegungen, in die sich unbewußte Regungen des Wahrsagers umsetzen. Unter Umständen können diese unbewußten Regungen auf paranormale Wahrnehmungen zurückgehen. Auf diese Weise können z. B. Fragen mit Ja oder Nein beantwortet werden, je nachdem, ob das Pendel kreist oder schwingt.
Die beim Kristallsehen in den Spiegeln, Kristallvasen oder mit

Wasser gefüllten Gläsern von den Wahrsagern bisweilen geschauten Visionen sind halluzinatorische Produktionen des Unbewußten, die „unterschwellige Eindrücke, Vergessenes, Verdrängtes . . . und auch hie und da paranormal erworbenes Wissen" enthalten. Die verwendeten Gegenstände regen offensichtlich die Psyche mancher Menschen zu solchen Leistungen an[10].
Die Karten spielen, wenn wirklich ASW vorliegt, die im ersten Kapitel beschriebene Rolle eines Induktors; sie sind eine Art Brücke, die den paranormalen Kontakt zwischen dem Kartenleger und seinem Klienten vermittelt[11]. Möglicherweise hegt der Kartenleger aber auch nur subjektiv die Überzeugung, daß dieses Hilfsmittel notwendig sei, und kann seine paranormalen Fähigkeiten nur aktualisieren, wenn er sich seiner bedienen kann.
Was das Handlinienlesen betrifft, so ist zunächst zu bedenken, daß sich in der Form der Hand sowie in der Gestaltung ihrer Linien körperliche und seelische Veranlagungen eines Menschen sowie auch Lebenserfahrungen ausprägen können. Die Erforschung und praktische Auswertung solcher Zusammenhänge hat dann freilich nichts mit Okkultismus zu tun, sondern ist als Grenzgebiet der Psychologie zu bezeichnen. Etwas anderes ist es freilich, wenn das Handlesen als Zukunftsweissagung betrieben wird. In diesem Fall ist dann, wenn tatsächlich ASW im Spiel ist, wiederum anzunehmen, daß die Hand als Induktor fungiert oder daß sie die paranormalen Fähigkeiten des Handlesers stimuliert[12]. Daß in den Handlinien objektiv das Schicksal eines Menschen eingezeichnet ist und nach gewissen Regeln „entziffert" werden kann, ist wohl kaum eine stichhaltige Annahme. Ganz ausgeschlossen aber kann von der Parapsychologie her nicht einmal diese Möglichkeit werden. Es wäre immerhin denkbar, daß ein Mensch in seinem Unbewußten einzelne Fügungen seines Schicksals präkognitiv vorausahnt und daß sich diese Ahnungen in seinen Handlinien objektivieren. Das hier Angedeutete soll nicht als wahrscheinlich ausgegeben werden; aber selbst wenn es vorkommen sollte, ließe es sich in der angegebenen Form parapsychologisch erklären.

3. „Spiritistische" Praktiken

Die im folgenden zu besprechenden Okkult-Aktivitäten werden zumeist in der Erwartung betrieben, man könne durch sie mit Seelen (Geistern) von Verstorbenen in Verbindung treten und damit einen Blick in die Welt oder die verschiedenen Welten nachtodlicher Existenz des Menschen tun. Aus dieser Zielsetzung heraus werden diese Praktiken als „spiritistisch" bezeichnet. Der bei ihnen vorliegende Geisterglaube (spiritus = Geist) ist allerdings eine unkritische, abergläubische Option und ist von dem als vorsichtige Hypothese formulierten Spiritismus, der auch von manchen Parapsychologen vertreten wird, zu unterscheiden. Der okkulte „Spiritismus" ist etwas wie ein religiöser Glaube, der parapsychologische Spiritismus eine diskutable wissenschaftliche Theorie, die soviel wert ist wie die dafür sprechenden Gründe.

a) Die verschiedenen Formen

Hans Bender gibt folgende Reklame für ein bei derartigen Jenseitskontakten gebräuchliches Gerät wieder – er fand diese Annonce in einer esoterischen Zeitschrift:

„Original Oui-ja-Brett. Wollen Sie, wann immer Sie möchten, mit Ihren lieben Verstorbenen in Kontakt treten? Auch Kommunikationen mit anderen Jenseitigen sind jederzeit möglich. Ganze Dialoge werden bereitwillig durchgegeben mit unserem original Oui-ja-Brett. Jedes Brett ist von einem Medium handgefertigt . . ."[13]

Das *Oui-ja-Brett*, vor allem im angelsächsischen Raum verbreitet, ist mit Buchstaben, Zahlen und den Worten „ja" und „nein" beschrieben. Mit Hilfe eines Anzeigers, der leicht mit der Hand berührt wird und daraufhin wie von selbst über das Brett gleitet, werden „Botschaften" herausbuchstabiert, die in okkultgläubigen Kreisen als von Geistern aus dem Jenseits stammend eingeschätzt werden[14].

Eine andere Praktik bedient sich des *Pendels*, das über einer Skala mit den Buchstaben des Alphabets zum Schwingen kommt[15]. Ziemlich verbreitet ist das *Glasrücken,* bei dem ein

Glas in der Mitte eines Kreises aus den Buchstaben des Alphabets steht; mehrere Teilnehmer an der Sitzung berühren das Glas leicht und bekommen dadurch, daß das Glas einzelne Buchstaben in einer Reihenfolge berührt, die sinnvolle Worte und Sätze ergibt, Antworten auf ihre Anfragen[16].

Bei uns wird sehr häufig das *Tischerlrücken* betrieben. Dabei gibt es verschiedene Vorgangsweisen. In vielen Fällen legen die Teilnehmer an einer Sitzung ihre Hände auf einen leicht beweglichen Tisch. Es wird das Alphabet aufgesagt, und der Tisch bewegt sich bei bestimmten Buchstaben. Aus den einzelnen Buchstaben, die sich auf diese Weise ergeben, setzt sich die „Botschaft" zusammen. Eleganter als dieses mühsame Verfahren ist die Benützung eines ganz kleinen Tischchens, an dem anstelle eines der Füße ein Bleistift angebracht ist, der über ein Blatt Papier gleitet und auf diese Weise „Kundgaben" niederschreibt.

Was bei solchen Sitzungen passieren kann, geht aus der folgenden Zusammenfassung hervor, mit der Hans Bender tatsächlich geschehene Vorgänge beschreibt:

Man habe „‚Geister' gebeten, Botschaften . . . zu übermitteln. In der Tat habe das Glas sich erst zögernd, dann immer schneller bei Fragen in Bewegung gesetzt und – manchmal so rasch, daß man kaum folgen konnte – Buchstaben berührt, die ein Beobachter protokollierte. Niemand wollte mit den Äußerungen etwas zu tun haben, alle waren überrascht und betroffen . . . So habe das Glas Geburtstag und Alter der Teilnehmer und deren Bekannten richtig angegeben, mehr oder minder geheime Wünsche der einzelnen zur Äußerung gebracht, vergessene Kindheitserinnerungen zutage gefördert, Zukunftswünsche verraten u.a.m. Fragte man nach dem Namen des ‚Geistes', meldete sich manchmal ein Verstorbener oder ein Unbekannter, der behauptete, dann und dann gelebt zu haben. Manchmal wurde alles albern oder sogar obszön, so daß man abbrechen mußte"[17].

Ähnliches geschieht auch bei den anderen angegebenen Praktiken.

b) Zur Erklärung der Vorgänge

Der Grund, aus dem bei diesen Geschehnissen auf die Wirksamkeit von Geistern geschlossen wird, liegt darin, daß die produzierten Aussagen einer Tätigkeit zu entspringen scheinen, hinter der ein autonomes Subjekt steht. Man hat in allen diesen Fällen den Eindruck, hier offenbare sich eine Person, ein deutlich erfahrbarer Jemand mit eigenem Denken, bestimmten Absichten und deutlich erkennbaren Charakterzügen; oft handelt es sich dabei um Merkmale eines Verstorbenen, der einem oder mehreren Sitzungsteilnehmern bekannt war. Was liegt näher als die Annahme, dieser Verstorbene sei wirklich da. Psychologie und Parapsychologie belehren uns freilich, daß wir diesen Schluß nicht ziehen dürfen. Was hier wirksam wird, sind keine Geister, sondern „psychomotorische Automatismen"[18], „psychische Leistungen, die alle Merkmale einer intelligenten Tätigkeit aufweisen, aber dem Ich nicht bewußt sind. Eine solche ‚nebenbewußte' oder ‚unterbewußte' intelligente psychische Tätigkeit hat eine sogenannte ‚Personifikationstendenz': Die Äußerungen sind oft so abgefaßt, als ob sie von fremden Intelligenzen, von ‚Geistern' herrührten. Dieser Eindruck wird verstärkt, wenn durch solche psychische Automatismen Inhalte zutage gefördert werden, die der Automatist auf normale Weise nicht erfahren haben kann: telepathische oder hellseherische Eindrücke"[19].

Diese „unterbewußten" psychischen Funktionen sind nicht identisch mit dem, was man in der Psychoanalyse das „Unbewußte" nennt, in dem die urtümlichen triebhaften und emotionalen Regungen sowie alles, was verdrängt wurde, enthalten sind. Dieses psychoanalytische Unbewußte ist ein strukturelles Element der Psyche, das auf irrationale Weise funktioniert und mit dem Bewußtsein in verschiedenster Weise in Beziehung steht: es wirkt ins Bewußtsein hinein, ist aber auch von ihm beeinflußbar. Hier handelt es sich hingegen um psychische Komplexe, die zwar auch aus dem Unbewußten schöpfen, selbst aber rational arbeiten, und dies in einer Weise, daß sogar der Eindruck einer selbständigen Teilpersönlichkeit entstehen kann[20].

Die Impulse dieser unterbewußten Komplexe übertragen sich unwillkürlich auf die Muskeln des Automatisten, wodurch die Pendelausschläge, die Bewegungen des Glases oder das Schreiben des Tischerls zustande kommen; es kann aber auch nicht aus-

geschlossen werden, daß manchmal die Bewegung auf psychokinetischem Weg erfolgt. Die Befähigung zu dieser unterbewußten automatischen Tätigkeit kann sich in hohem Maße steigern, bis hin zum automatischen Schreiben, bei dem das Medium auf sämtliche der angeführten Hilfsmittel (Pendel, Oui-ja-Brett, Glas, Tischerl) verzichten kann.
Manchmal kommt es vor, daß Menschen, die häufig psychomotorische Automatismen in sich zur Wirkung kommen lassen, das von ihnen unbewußt Produzierte auch in Form von Halluzinationen wahrnehmen. Es tritt meist Stimmenhören auf, seltener Visionen. In diesen Halluzinationen tritt dem betroffenen Menschen der Teilkomplex seiner Psyche gleichsam direkt gegenüber und erweckt nun vollends den Eindruck einer fremden Person – nicht selten sind es sogar mehrere solcher personifizierter Komplexe. In diesen Fällen mündet die okkulte Praktik geradewegs in eine psychische Krankheit: Hans Bender bezeichnet sie als *mediumistische Psychose*[21]. Diese Psychose ist eine Art Persönlichkeitsspaltung, die von Unkundigen für eine Schizophrenie gehalten werden könnte. Dieser oberflächliche Eindruck trügt jedoch – glücklicherweise, kann man sagen: es handelt sich hier nämlich nicht, wie bei der Schizophrenie, um „eine den Kern der Persönlichkeit angreifende Grundstörung", sondern um eine „funktionelle Desintegration"[22] der Persönlichkeit. Die mediumistische Psychose ist im Unterschied zur Schizophrenie in verhältnismäßig kurzer Zeit heilbar, wie die Beispiele Benders zeigen.
In der Darstellung der psychomotorischen Automatismen wurde bereits an zwei Stellen auf das mögliche Auftreten von paranormalen Vorgängen hingewiesen. Seltener ist wohl ein psychokinetisches Moment, wie es etwa dann vorliegt, wenn beim Tischerlrücken das Tischerl in Bewegung gerät ohne berührt zu werden. In diesem Fall wird der unbewußte psychische Komplex nicht über den normalen körperlichen Bewegungsapparat, sondern auf paranormalem Weg wirksam. Häufiger aber scheinen in Personen, die sich psychomotorischer Aktivität überlassen, ASW-Fähigkeiten aus der Tiefe ihrer Psyche lebendig zu werden. Da-

her kommen die Teilnehmer an einer solchen Praktik unter Umständen zu erstaunlichen, ja schockierenden Informationen: sie können telepathisch dem Bewußtsein bzw. dem Unbewußten der Teilnehmer an einer Sitzung, ja manchmal sogar abwesender Menschen, entnommen sein; sie können auf Hellsehen beruhen; sie können auch präkognitive Elemente beinhalten.

Alle diese Merkmale ergeben in der Tat den Eindruck, hier seien Geister am Werk: schon die psychomotorischen Automatismen allein haben Personifikationstendenz: sie erwecken den Anschein, daß in der Psyche des Mediums eine fremde Person wirksam würde; wenn noch dazu ASW im Spiel ist, dann zeigt diese „Person" ein überlegenes Wissen, das leicht als weiteres Indiz für ihre tatsächliche Existenz gewertet wird; die unwillkürlichen Muskelbewegungen oder gar psychokinetischen Impulse, durch die die verwendeten Instrumente in Bewegung gesetzt werden, scheinen darüber hinaus anzuzeigen, daß sich der „Geist" sogar physisch bemerkbar machen kann. Von den psychologischen und parapsychologischen Überlegungen her zeigt sich allerdings, daß diese Deutung zumeist unwahrscheinlich ist. Bei spiritistischen Praktiken vollzieht sich ein Dialog nicht mit Verstorbenen, sondern mit dem Unbewußten des Mediums bzw. der Sitzungsteilnehmer.

c) Beurteilung

1. Vom *psychohygienischen Standpunkt* aus gesehen gefährlich sind okkulte Praktiken zur Herstellung von Kontakten mit Verstorbenen nicht nur wegen der Möglichkeit einer mediumistischen Psychose: die Gefahren beginnen viel früher. Wer psychomotorische Automatismen freisetzt, wird durch die unterbewußte psychische Aktivität, die immer auch aus dem Unbewußten schöpft, sehr oft mit Anteilen seines Seelenlebens konfrontiert, die er nicht verarbeiten kann: mit verdrängten Trieben und Emotionen, von denen er nichts ahnte, und die ihn total aus der Bahn werfen können. Es ist für viele Menschen schädlich, wenn sie zu direkt ihr Unbewußtes erleben.

Daß es leicht zu solchen Durchbrüchen des bisher Verdrängten kommen kann, liegt auch an der Unheimlichkeit der Vorgänge, die die psychische Stabilität vieler Menschen ins Wanken bringt. Der Eindruck, es mit Geistern zu tun zu haben, wirkt auf sie tief erschütternd und ängstigend und kann sehr leicht ihre psychische Struktur destabilisieren.

Da die zur Frage stehenden Praktiken zumeist in einer Gruppe betrieben werden, besteht die Gefahr, daß die einzelnen zum Opfer von ihnen nicht durchschaubaren gruppendynamischen Vorgängen werden.

Dies geschah in einem spiritistischen Zirkel, dessen Teilnehmer im Namen der „Geistwesen" einem strengen Gehorsam – mit der Drohung des Ausschlusses – unterworfen waren. Im Lauf der Zeit spielte sich hier ein regelrechtes „Geistertheater" ab, bei dem es neben psychomotorischen Automatismen auch zahlreiche bewußt inszenierte Beeinflussungsversuche zwischen den Teilnehmern gab – dies ist in einer Gruppe nie zu vermeiden. Eine jungverheiratete Teilnehmerin geriet auf diese Weise in eine tiefe Ehekrise: sie bekam Anweisungen für die Behandlung ihres Kindes, die ihr unvernünftig schienen, während ihr Mann ihre strikte Befolgung verlangte. Als sie ausgeschlossen wurde, experimentierte sie allein weiter und unternahm schließlich – getrieben von einer halluzinierten Stimme – beinahe einen Selbstmordversuch. In einer Sondersitzung des Zirkels zogen sich die „Geister" elegant aus der Affäre: die Frau solle nun für drei Monate keinen Einflüssen mehr nachgeben[23].

2. Was den *Informationswert* des auf dem Weg dieser Praktiken Mitgeteilten betrifft, so ist äußerste Skepsis angebracht. Wie beim im vorigen Abschnitt geschilderten Wahrsagen besteht auch hier die Gefahr, daß Wünsche und Befürchtungen des Mediums oder der Sitzungsteilnehmer in Aussagen verwandelt, zutreffende ASW-Eindrücke mit Phantasie vermischt, telepathisch und hellseherisch Aufgefaßtes als Präkognition verstanden wird. Es ist nicht ratsam, sich auf dieses schwer durchschaubare Aussagenkonglomerat zu stützen.

3. Vom *theologischen Standpunkt* aus ist darauf hinzuweisen, daß kein Grund besteht, die Vorgänge bei spiritistischen Sitzungen auf jenseitige Ursachen zurückzuführen, also etwa auf die Seelen

von Verstorbenen, die sich bei diesem Anlaß melden würden. Aufgrund der aufgedeckten natürlichen Ursachen ist eine solche Annahme zunächst einmal überflüssig. Sie ist aber auch aus dem Grund sehr problematisch, da die „Kundgaben" der „Geister" widersprüchlich sind: je nach Glaubensrichtung des spiritistischen Zirkels sind die Aussagen über das Jenseits so oder anders. Oft sind sie aber auch trivial und ohne jeden religiösen Sinn. Im ganzen gesehen ist dieser Spiritismus mit der christlich-theologischen Auffassung des Lebens nach dem Tod nicht vereinbar.

d) Nicht animistisch erklärbare Phänomene?

Zunächst sei zur Frage dieses Unterabschnittes festgestellt: Für alle paranormalen Phänomene sind auf der Basis des Animismus Erklärungen denkbar. Sie werden allerdings manchmal recht kompliziert, ja gekünstelt, und müssen durch spezielle Hypothesen gestützt werden. Für den, der mit der parapsychologischen Sichtweise nicht vertraut ist, mag dieser Eindruck schneller entstehen, und er wird vielleicht schon beim folgenden Beispiel zum Spiritismus tendieren:

Eines der bekanntesten amerikanischen Medien, Mrs. Piper, stellte den Kontakt zu „Geistern" auch durch automatisches Sprechen her, wobei in manchen Fällen der „Verstorbene" am Tonfall der Stimme erkannt werden konnte. „Die Kommunikationen beginnen gewöhnlich mit ‚Identitätsbeweisen'; der durch das Medium angeblich sprechende Verstorbene gibt sich zu erkennen, wobei oft kleine, triviale Begegnungen berichtet werden, ähnlich wie man sich am Telefon mit jemandem unterhält, der nicht glaubt, daß man der sei, für den man sich ausgibt . . . Darüber hinausgehende Inhalte übertreffen oft den Bildungsgrad des Mediums, entsprechen aber dem des angeblichen ‚Geistes'. Sie geben ferner das oft sehr Spezifische der Ausdrucksformen des Verstorbenen wieder – Redewendungen, Kosenamen, Scherze"[24] – und das alles, obwohl das Medium den Verstorbenen nicht gekannt hat.

Hier ist aber die animistische Erklärung verhältnismäßig leicht. Sowohl die Einzelheiten der Informationen als auch der Gesamteindruck der Persönlichkeit kann telepathisch der Psyche der

Anwesenden entnommen sein; manche Eindrücke über objektive Gegebenheiten können von Hellsehen herrühren; analog zur Präkognition gibt es auch eine Art Hellsehen in die Vergangenheit, eventuell durch „psychische Spuren", die Verstorbene in einer hintergründigen Dimension der Wirklichkeit hinterlassen haben und die vom Medium wahrgenommen werden: auch auf diese Weise wäre der Zugang zum Wesen der Verstorbenen denkbar. Alle diese Hypothesen gehen über die von der Parapsychologie für relativ gesichert eingeschätzten Möglichkeiten paranormalen Geschehens nicht entscheidend hinaus.

Beim vieldiskutierten Phänomen der *verteilten Botschaften* tendiert immerhin auch Willem H. C. Tenhaeff zur spiritistischen Erklärung[25]. Es handelt sich dabei um verschiedene Kundgaben, die von verschiedenen Medien (meist durch automatisches Schreiben) unabhängig voneinander empfangen werden, die aber Ausdruck einer einzigen Persönlichkeit und ihrer reichen geistigen Welt zu sein scheinen.

„So schreibt z. B. eine Automatistin ein Stück griechischer oder lateinischer Dichtung und eine andere eine passende Ergänzung"[26]. Oder: Eine beschreibt auf psychomotorischem Weg ein Bild der Szene zwischen König Attila und Papst Leo I., der den Hunnenkönig gerade beschwört, Rom zu verschonen, und zur gleichen Zeit empfängt eine andere – 8000 km entfernt – die Botschaft: „Sei gegrüßt, unsterbliches Rom!" – diese Worte auf lateinisch, dann weiter auf englisch: „Wie konnte ich es klarer ausdrücken, ohne ihr den Schlüssel zu geben?"[27]

Im Gegensatz zu Tenhaeff plädiert Hans Bender auch hier für eine animistische Erklärung. Sein Stichwort ist *Polypsychismus,* womit er „eine Verschmelzung und Identifizierung verschiedener Psychen"[28] meint, die sozusagen Pole eines einzigen Erlebnisstromes, eines „psychischen Feldes" werden. Sie sind in diesem Fall nicht nur in punktueller Telepathie miteinander verbunden, sondern es handelt sich um eine Art ganzheitliches telepathisches Sich-als-Einheit-Fühlen. „In ein solches Feld können die lebendigen Erinnerungen an eine abgeschiedene Persönlichkeit eingehen" und wie eine selbständige Person erscheinen – aufgrund der Personifikationstendenz des Unbewußten[29].

So drängt sich uns die spiritistische Hypothese von der Parapsychologie her auch bei diesen Beispielen nicht unabweisbar auf. Ich persönlich meine freilich, daß sie sich – zwar nicht bei landläufigen okkulten „Jenseitskontakten", aber doch in besonders gelagerten Fällen – manchmal zumindest nahelegen kann. Wir werden uns im vierten Kapitel der Frage nochmals kurz zuwenden.

4. Magie und Hexenglaube

Während es in den bisher betrachteten okkulten Praktiken darum ging, zu Menschen verborgenem Wissen Zugang zu gewinnen, geht es in diesem Abschnitt um solche, die in der Welt Wirkungen erzielen wollen. *Magie*[30] – das griechische Wort bedeutet wörtlich übersetzt „Zauberei" – will sich mit Hilfe genau festgelegter Riten und Sprüche oder auch durch die bloße Kraft der Gedanken geheimnisvolle Mächte dienstbar machen. Diese Mächte können unpersönlich gedacht sein; uns interessiert aber mehr jene magische Denkweise, die sich auf persönlich gedachte Geister, zumeist dunkler, dämonischer Natur, stützt. Die vorgestellte Eigenpersönlichkeit dieser Mächte wird freilich nicht wirklich ernst genommen: es wird nämlich vorausgesetzt, daß sie durch die magischen Praktiken in den Griff zu bekommen sind. Der Mensch unterwirft sich nicht den Mächten, sondern er versucht, sie sich zu unterwerfen, obwohl er manchmal sogar damit rechnet, daß er ihnen nach diesem Leben verfällt.

a) Streiflichter aus Geschichte und Gegenwart

Man unterscheidet für gewöhnlich zwischen *Weißer* und *Schwarzer Magie*. Erstere will „magische Praktiken zum Wohl des Menschen" ausführen und stützt sich auf gute Geister[31]; letztere will anderen Menschen durch böse Geister auf magischem Weg Schaden zufügen[32]. Freilich ist dieser Unterschied in der Praxis nicht immer scharf zu ziehen. Der Magier tendiert dazu, sich und seine Macht mehr und mehr in die Mitte zu stellen und sich für über allen ethischen Normen stehend einzuschätzen. Magisches Denken trägt eine Dynamik in sich, die dazu neigt, alle Grenzen zu sprengen. Es strebt in Richtung Identifikation mit dem Absoluten und will selbst bestimmen, was als gut und böse zu gelten hat. Gut ist schließlich das, was der Magier will, böse das, was seinem Wollen entgegen ist. So kann es dann auch gut sein, einem anderen Menschen zu schaden, oder gar, ihn zu töten[33]. Das Gesagte bedeutet natürlich nicht, daß es nicht viele Menschen gibt, die sich für Weiße Magier halten und allen destruktiven Gebrauch übersinnlicher Kräfte ablehnen.

Was glaubt man, mit magischen Mitteln erreichen zu können? Im folgenden die Wiedergabe dreier Zeitungsnotizen[34]:

„Ein englisches Mädchen schrieb an einen sogenannten Experten: ‚Ich habe eine Rivalin, möchte aber meinen Freund nicht verlieren. Können Sie mir sagen, woher ich Drachenblut bekommen und wie ich daraus einen Liebestrunk machen kann?' Der Experte verwies sie an einen Drogisten und fügte hinzu: ‚Sie müssen es am Abend in ein offenes Feuer schütten und dabei den Namen Ihres Freundes anrufen. Es wird dann wie ein Zauberbann wirken.'"

„Khrystya, 21 Jahre alt, Bildhauerin in Manhattan, heilt Menschen. Aus Pappmaché und menschlichem Sperma macht sie Puppen, tauft diese auf den Namen der Menschen, die Heilung brauchen, und zaubert dann edle Seelen für sie. Sie . . . hält sich für eine Hexe . . . von der guten Sorte" – betreibt also Weiße Magie.

„Marion Unsworth aus dem englischen Kempston . . . hat geschworen, Schwarze Magie anzuwenden, um zwei lästige Herren ‚langsam, aber sehr abscheulich' umzubringen . . . Die blonde Hexe, Mutter von drei Kindern, ist besonders böse auf diese beiden Männer, die sie bereits zweimal am hellichten Tage der Schwarzen Magie beschuldigt haben. Jedesmal wurde Marion heftig verprügelt. Ihr Hexenmaß ist jetzt voll. In ihrem Haustempel schwor sie bei einem menschlichen Skelett, innerhalb einer Woche einen Fluch über diese Männer auszusprechen, indem sie zwei Wachspuppen in Flammen aufgehen lassen werde."

Damit sind wir bereits beim Stichwort *Hexe*. Die etymologische Bestimmung dieses Wortes ist unklar[35]. Wahrscheinlich geht der Hexenglaube auf vorchristliche Wurzeln zurück. Im Mittelalter waren Hexen „‚weise Frauen', Naturheilkundige, Nachfahren der heidnischen Priesterinnen"[36]. Ihre eigentliche Definition erfuhr die Hexe erst dadurch, daß sie in einen festen Bezug zum

Teufel gebracht wurde: sie ist eine „Person, die mit dem Teufel ein Bündnis geschlossen hat"[37] und mit Hilfe seiner Macht über magische Kräfte verfügt, durch die sie Menschen und Tieren Schaden zufügt. Selbst wenn sie Krankheiten heilt oder andere positive Wirkungen vollbringt, gilt das für den Betroffenen als gefährlich, weil er in den Machtbereich des Teufels gerät, in den verderblichen Sog seiner destruktiven Kräfte.

Vom Ausgang des Mittelalters an und vor allem im 16. und 17. aber auch noch im 18. Jahrhundert wurden zahlreiche Menschen, vorwiegend Frauen, von der Inquisition der Hexerei angeklagt[38] und dem Feuertod überantwortet. Als Volk und Gebildete beherrschender Massenaberglaube ist der Hexenglaube zwar mit dem Heraufkommen der Aufklärung mehr und mehr verschwunden; der Glaube an dem Teufel entlehnte magische Kräfte in gewissen Menschen lebte jedoch in manchen Volksschichten bis in unser Jahrhundert weiter[39]. Heute scheint der Hexenglaube von neuem zu eskalieren, und zwar in einem bedenklichen Ausmaß. Er profitiert wohl von der allgemeinen Explosion des Interesses am Okkulten. Dadurch ist zusätzlich zum Volksaberglauben eine andere Strömung an die Oberfläche gespült worden und mit ihm zu einer Einheit verschmolzen. Es gab nämlich nach dem Abklingen des Hexenglaubens Geheimkulte zu Ehren des Teufels, bei denen sich in verwandelter Form das fortsetzte, was den Hexen von der Inquisition vorgeworfen worden war, wohl nicht ohne jeden historischen Hintergrund: die wilde, orgiastische Versammlung der Hexen zum Hexensabbat, bei dem auch ein Ritus gefeiert wurde, der die Messe nachäffte: die *Schwarze Messe*[40]. Es läßt sich freilich bei den überlieferten Beschreibungen solcher Hexensabbate nicht immer klar unterscheiden, wo die historische Realität endet und die Phantasie der Inquisitoren beginnt[41]. Anders ist die Sachlage bei den genannten Geheimkulten höherer Gesellschaftskreise aus späterer Zeit. Hier sind wir genauer informiert und können uns über die grauenhaften Vorgänge bei den Schwarzen Messen ein besseres Bild machen.

Von den zur Zeit Ludwigs XIV. durch Leute aus seinem Hof veranlaßten Schwarzen Messen existieren sogar genaue Gerichtsprotokolle[42]. „Im damaligen Paris war es – vor allem in den höheren Kreisen – allgemein üblich, Nebenbuhler, hinderliche Gatten, Verwandte, deren Besitz man durch Erbschaft an sich bringen wollte und so weiter durch Gifte sowie mit Hilfe schwarzer Künste zu beseitigen. Auch die Schwarze Messe wurde in den Dienst der Magie gestellt: Sie sollte dazu dienen, im Wege stehenden Menschen den Tod zu bringen und die Gunst von ersehnten Personen herbeizuzwingen"[43].

Es ist nicht meine Aufgabe, die historischen Wege nachzuzeichnen, die diese Praktiken gegangen sind, um schließlich in unserer Zeit auch in der Öffentlichkeit Schlagzeilen zu machen und sich sogar die Fernsehschirme zu erobern[44]. Heute gibt es jedenfalls in vielen Ländern Menschen, die sich als Hexen oder Satanisten verstehen. Manche gehören hierarchisch strukturierten Gruppen an, andere sind als Einzelpersonen tätig. Kennzeichnend für sie ist, daß sie genau das sein wollen, dessen man die Hexen seit der Inquisition beschuldigt hat: sie behaupten, mit dem Teufel im Bunde zu sein und dadurch über magische Kräfte zu verfügen, die sie zum Nutzen oder zum Schaden anderer Menschen einsetzen können.

Eine der am bekanntesten gewordenen Satanistinnen, die 1984 im deutschen und 1985 im österreichischen Fernsehen auftrat – an der letzteren Sendung habe ich persönlich teilgenommen –, behauptet, daß sie durch magische Rituale Menschen töten könne. Das gezeigte Ritual bestand in der Verbrennung eines Bildes des Opfers unter Anrufung des Satans (in fehlerhaftem Latein: „in nomini Satanas") und der mehrmals ausgesprochenen Beschwörung: „Brennen sollst du!" In der Diskussion im österreichischen Fernsehen erwies sich die Frau auch als vertraut mit der Praxis der Schwarzen Messen. In der Frage nach der ethischen Vertretbarkeit solcher Praktiken versuchte sie, einen Standpunkt „jenseits von Gut und Böse" einzunehmen. Letztlich machte sie ihr subjektives Gefühl zum Maßstab dessen, was man tun darf und was nicht, und sie erweckte zumindest den Anschein, daß sie davon überzeugt sei, sie könne durch ihre vom Satan verliehenen magischen Fähigkeiten das ihr richtig Scheinende in gewissem Maß auch durchsetzen.

Die meisten satanistischen Gruppierungen gründen in ihrer Ideologie direkt oder indirekt auf den Lehren des englischen

Schwarzmagiers Aleister Crowley (1875–1957)[45], der sich für den Antichristen hielt und in Anschluß an Offb 17 „das große Tier" nannte[46]. Das Glaubensbekenntnis der bekannten „Church of Satan" in San Franzisco gibt Aufschluß über die Mentalität solcher Sekten. Im folgenden eine Probe:
„1. Satan verkörpert Befriedigung von Begierden anstelle von Abstinenz. 2. Satan verkörpert vitale Existenz anstelle spirituelIer Hirngespinste. 3. Satan verkörpert reine Weisheit anstelle scheinheiliger Selbsttäuschung. 4. Satan verkörpert Gefälligkeit gegenüber denen, die sie verdienen, anstelle von Liebe, die an Undankbare verschwendet wird. 5. Satan verkörpert Rache anstelle des ‚auch die andere Wange Hinhaltens'. 6. Satan verkörpert Verantwortung gegenüber den Zurechnungsfähigen statt Besorgnis um seelische Erpresser. 7. Satan verkörpert alle sogenannten Sünden, weil sie alle zu körperlicher, geistiger oder gefühlsmäßiger Befriedigung führen"[47].
„Tu was du willst, das soll sein dein ganzes Gesetz!" Dieser Spruch, der über einem Orgien-Kloster Aleister Crowleys auf Sizilien stand, ist der Leitsatz des Satanismus. Er verkündet die Befreiung der sexuellen und aggressiven Triebe des Menschen von jeder ethischen Schranke. Diese „Befreiung" wird immer wieder kultisch gefeiert: in den Schwarzen Messen und anderen Zeremonien magisch-sexuell-sadistischen Charakters[48] oder gar in Ritualmorden[49]. Diese Befreiung wird aber auch in die Tat umgesetzt, und zwar – so behaupten jedenfalls die Satanisten selbst – auch auf magische Weise, direkt durch Satans Macht: im Bereich des Erotischen durch magischen Liebeszauber, im Bereich der Aggression durch magische Schädigung oder gar Tötung. Was sich dabei wirklich ereignet, mag in den meisten Fällen zwar nicht paranormal sein, es bewegt sich aber sicher oft jenseits der Grenze zur Kriminalität.

b) Psychologische und parapsychologische Aspekte

Angesichts dieses Befundes ist zunächst festzuhalten: Für gewöhnlich ist davon auszugehen, daß Menschen, die sich als Zauberer oder Hexen ausgeben und als solche teils gefürchtet, teils verehrt werden, *keine* übersinnlichen Kräfte haben. Es kann sein, daß sie das selbst wissen und ihre Praktiken in rein betrügerischer Absicht betreiben; häufiger werden sie selbst freilich von ihren Fähigkeiten überzeugt sein. Auf für Aberglauben anfällige suggestible Menschen können sie in jedem Fall einen großen Einfluß ausüben und Wirkungen erzielen, die eine Bestätigung ihrer Begabung zu sein scheinen. Es können sich ähnliche psychische Vorgänge abspielen wie bei den bisher beschriebenen Okkult-Praktiken: wenn z. B. ein Mensch in der Tiefe seiner Psyche – vielleicht im Gegensatz zu seiner bewußten Einstellung – von der Wirksamkeit von magischen Ritualen überzeugt ist, dann vermag die Tatsache, daß eine „Hexe" ihn durch solche Rituale „verfolgt", sein psychisches Gleichgewicht so zu stören, daß er tatsächlich psychosomatisch erkrankt. Es scheint, daß auch heutige Menschen vielfach von solchen tiefsitzenden Ängsten heimgesucht werden. Der Grund dafür liegt wohl darin, daß das magische Denken in der frühkindlichen Entwicklung eine normale Stufe darstellt[50] und bei vielen Menschen nicht aufgearbeitet wird, sondern in verdrängter Form weiterbesteht und bei entsprechenden Anlässen – eben bei der Begegnung mit Menschen, die magisch wirken zu können behaupten – das Denken irrational beeinflußt.

Solche magische Ängste, die in der Tiefe der Psyche der Menschen verborgen sind, können aber auch dazu führen, daß andere Menschen der Zauberei verdächtigt und zu Hexen gemacht werden. Wenn ein Mensch, der stark magisch denkt, sich von anderen verfolgt fühlt, kommt er leicht auf die Idee, diesen anderen magische Kräfte zuzuschreiben und sie als Hexen zu denunzieren, zwar nicht mehr, wie zur Zeit des Hexenwahns, bei kirchlichen oder weltlichen Gerichten, aber doch bei seinen Mitmenschen. Solche als Hexen geltende Menschen können in totale Isolation getrieben werden und in arge Bedrängnis kommen[51]. Freilich leiden oft auch die, die sich magisch verfolgt fühlen, und geraten in allerlei psychosomatische Ausnahmezustände bis hin zu wirklichen Krankheiten. Diese gelten dann als Beweise für die

Macht der für Hexen Gehaltenen – und der Teufelskreis ist geschlossen.

Weil die Neigung zu solchen Kurzschlüssen auch heute noch in vielen Bevölkerungsschichten verbreitet ist, fühle ich geradezu eine Hemmung, wenn ich im folgenden ausführen werde, daß in manchen Fällen dem Hexenglauben ein Körnchen Wahrheit zugrundeliegen kann, dann nämlich, wenn paranormale Kräfte mit im Spiel sind. Dies kann nicht von vornherein ausgeschlossen werden. Es ist z. B. denkbar, daß jemand die Psyche eines für paranormale Kontakte sensiblen anderen Menschen auf telepathischem Weg beeinflußt und in ihr Ängste und andere Verstimmungen hervorruft, die sich unter Umständen auch somatisch auswirken. Ebenso ist mit der Möglichkeit zu rechnen, daß PK auch zu destruktiven Wirkungen eingesetzt werden kann. Wenn in einem fremden Organismus auf psychokinetischem Weg heilende Prozesse in Gang kommen können, dann sind wohl auch psychokinetische Beeinflussungen möglich, die krank machen. Verschiedene Forscher berichten von schädigenden Praktiken, die bei Naturvölkern beobachtet worden sind.

So scheinen z. B. Medizinmänner aus Mozambique durch PK-Fähigkeiten gewirkt zu haben. Sie wollten von einem Lastwagen mitgenommen werden, wurden aber stehengelassen. Daraufhin ereigneten sich mehrere Reifenplatzer, wobei der Lastwagen jedes Mal von den Medizinmännern eingeholt wurde; die Besatzung konnte sich aber zunächst nicht entschließen, sie doch aufsitzen zu lassen. Schließlich fiel der Motor aus. Als sie wiederum auftauchten, ließ man sie zusteigen. Sofort sprang der Motor an, und die Reise ging von da an ungestört weiter, so wie es der Anführer der Medizinmänner beim Einsteigen auch angekündigt hatte[52].

Auch von magischem Krankheitszauber wird berichtet:

Ein Offizier, der sich einige Zeit in einem größeren Buschmanndorf aufhielt, verweigerte dem Medizinmann des Dorfes ein Geschenk. Dieser drohte ihm Schmerzen und Krankheit an. Der Offizier fühlte sich auch binnen kurzer Zeit schwer krank. Es blieb ihm schließlich nichts anderes übrig, als den Medizinmann um Hilfe zu bitten. Nachdem sich dieser seine „Geschenke" selbst genommen hatte, führte er einen rasenden Tanz um ein Feuer auf, das von Holz und allerlei merkwürdigen Essenzen genährt war, woraufhin der Offizier von seinen Beschwerden wieder frei wurde[53].

Hier mag freilich bloße Suggestion vorliegen, weniger leicht scheint diese Erklärung freilich dann, wenn die krankmachenden Praktiken auch aus der Ferne funktionieren, wie es in einem aus Polynesien berichteten Vorfall geschah:

Ein junger Mann versuchte ein Mädchen, dessen Hand ihm verweigert worden war, aus der Ferne durch Rituale und Beschwörungen krank zu machen, offensichtlich mit Erfolg[54].

Wie weit die Möglichkeiten von paranormalem Wirken solcher Art gehen können, ist nicht von vornherein abzugrenzen. Es ist möglich, daß auf diesem Weg sogar Tötungen bewirkt werden können. Damit sind nicht Todesfälle gemeint, in denen das Opfer „blindlings an die Macht des Zauberers, aus der Ferne den Tod herbeizuführen, glaubte"[55]; hier liegt kein paranormales Phänomen vor, sondern Suggestion bzw. Autosuggestion. Es scheint aber auch Todesfälle zu geben, die unter merkwürdigen Umständen, z. B. nach unerklärlichen Krankheiten, in Zusammenhang mit einem magischen Ritual geschehen, von dem der, der damit umgebracht werden soll, nichts weiß[56].

Ich möchte mich für die Tatsächlichkeit solcher Vorgänge nicht verbürgen: die mir bekannt gewordenen Beispiele reichen dafür nicht aus. Außerdem ist der Zufall nie auszuschließen. Ich halte aber eine Tötung auf paranormalem Weg für prinzipiell möglich und auch für prinzipiell erklärbar: eben durch destruktiv wirkende Psi-Energie. Man kann dabei die verschiedensten Modelle annehmen, um einen solchen Vorgang dem Verständnis näherzubringen. So kann z. B. im Opfer telepathisch die Überzeugung von der Unausweichlichkeit seines Todes induziert werden. Wenn es möglich ist, daß ein Mensch durch ASW die unglückliche, verzweifelte Liebe eines anderen miterlebt[57], dann kann man sich auch vorstellen, daß auch die genannte Überzeugung samt den zugehörigen Emotionen auf dem Weg telepathischer Suggestion der Psyche eines anderen Menschen sozusagen „eingeimpft" werden kann. Wenn der Betroffene so strukturiert ist, daß er einem solchen Einfluß ganz und gar verfällt, dann kann er allen Lebenswillen verlieren. Im Extremfall ist dann auch ein psychosomatischer Tod denkbar. – Man kann aber auch annehmen, daß es sich in einem solchen Fall um destruktiv – lebenszerstörend – wirkende PK handelt.

c) Beurteilung

Auch die in Erwägung gezogenen Extremfälle bewegen sich im Rahmen des parapsychologisch Möglichen, und so ergibt sich, daß die Hypothese, daß im Fall der Magie böse Geister ihre Hand unmittelbar im Spiel hätten, überflüssig ist. Wir gelangen also auch beim uns jetzt beschäftigenden Problembereich zu einem Resultat, das zu den bisherigen Ergebnissen unserer Überlegungen paßt: Es ist möglich, daß bei okkulten Praktiken das eine oder andere Mal wirklich Dinge geschehen, die man nicht in die Erklärungsmuster der klassischen Naturwissenschaften einordnen kann. Es scheint sich aber gleichwohl um „natürliche" Vorgänge zu handeln, die von denen, die sie praktizieren, zu unmittelbar und direkt „religiös" interpretiert werden – auch die Selbstinterpretation der Hexen und Satanisten, die ihre angeblichen Fähigkeiten durch teuflische Kräfte deuten, ist „religiös". Selbst dann, wenn eine moderne Hexe wirklich magisch töten könnte – was ich persönlich kaum glaube[58] –, wäre damit nicht gesagt, daß diese Fähigkeit durch Teufel oder Dämonen verursacht würde oder daß man die Existenz dieser bösen Geister dadurch beweisen könnte. Dieses Urteil steht freilich nicht nur im Widerspruch zur Selbstinterpretation der Hexen und Satanisten, sondern auch zur Interpretation, die sie von seiten mancher evangelischer und katholischer Theologen erfahren. Das Thema wird im nächsten Kapitel weiter zu behandeln sein.

Es kann selbstverständlich kein Zweifel darüber bestehen, daß diese Form des Okkultismus für den einzelnen und die Gemeinschaft höchst gefährlich ist.

Es handelt sich letztlich um einen Kult der entfesselten Triebhaftigkeit und Destruktivität. Aus der Lebensgeschichte der Menschen, die einem solchen Kult angehören, mag zwar oft nachvollziehbar sein, daß sie sich ihm angeschlossen haben: vielfach meinen sie, auf diese Weise eine Erfüllung für ihr neurotisch fehlentwickeltes Glücksstreben und eine Kompensation für ihren Autoritätskomplex zu finden; auch von der gesellschaftlichen und kirchlichen Wirklichkeit her hat die Existenz solcher Gruppen sicher verständliche Gründe: sie entspringen wohl auch einer extremen Reaktion von Außenseitern auf vermeintliche oder wirkliche Repression. Das alles ändert aber nichts daran, daß der Mensch durch die Verehrung des Satans in eine widerchristliche, antigöttliche und inhumane Haltung gerät und durch zügelloses Sich-Ausleben und durch Destruktivität weder Glück noch Freiheit erfährt, sondern Zerrissenheit und Versklavung unter die entfesselten Triebkräfte. Wenn in solchen Gruppen noch dazu paranormale Kräfte in den Dienst dieser negativen Tendenzen gestellt werden – diese Möglichkeit ist nicht ganz auszuschließen –, dann wird die Synthese zerstörerischen Potentials noch brisanter: solche Vorgänge werden als faszinierender Beweis für die Macht des Teufels, der in der Gruppe wirkt, verstanden und binden die einzelnen noch mehr an die Gruppe. Sie erhöhen die Gefährdung der Gruppenmitglieder und sonstiger Beteiligter auch noch dadurch, daß mediumistische Psychosen und Besessenheitssyndrome auftreten können – über letztere sprechen wir im nächsten Kapitel.

Wenn Menschen mit Hexenglauben und Satanismus konfrontiert und von dort angeblich vorkommenden „übersinnlichen" Praktiken beeindruckt sind, empfehlen sich folgende Informationen und Ratschläge:
– Erzählungen über paranormale Vorgänge in solchen Gruppen oder über paranormale Fähigkeiten derartiger Einzelpersonen beruhen in den meisten Fällen auf Betrug oder Selbsttäuschung.
– Abergläubische Furcht vor magischen Kräften ist oft der Grund dafür, daß psychische Beeinträchtigungen, Krankheiten oder Unglücksfälle eintreten. Die Furcht wirkt in solchen Fällen autosuggestiv.

- In einem abergläubischen Klima sind paranormale Vorgänge unter Umständen leichter möglich. Die allgemeine Offenheit kann die dafür geeignete bewußte und unbewußte Affektlage schaffen.
- Selbst wenn wirklich paranormale Ereignisse vorkommen, dürfen sie nicht unmittelbar auf dämonische Mächte zurückgeführt werden.
- Auch in solchen Fällen sind die am wenigsten gefährdet, die sich nicht von abergläubischer, magischer Furcht beherrschen lassen.
- Der Kontakt mit satanistischen Gruppen, die den Teufel kultisch verehren und sich von ihm Befreiung und Glück erwarten, ist aus psychohygienischen, humanen und religiösen Gründen abzulehnen.
- Pastorale Richtungen, die den Kampf gegen dämonische Einflüsse stark ins Zentrum stellen und mit direkter Dämonenabwehr („Befreiungsgebet", Exorzismus) bekämpfen, sind als Gegenmittel gegen diese Art des Okkultismus ungünstig und steigern in vielen Fällen die abergläubischen Ängste.
- Der christliche Glaube gewährt dem Menschen letzte Sicherheit aus der Verbundenheit mit Gott, die ihm einen festen Stand gibt in aller Angst und Bedrohung, woher immer sie auch kommen mögen.

3. KAPITEL

Okkultismus, Satan und Dämonen

1. „Alles Okkulte ist Teufelswerk"

Diejenigen, die Okkultismus betreiben, führen zum Teil selbst die außergewöhnlichen Dinge, die bei ihren Praktiken geschehen, auf das Wirken dämonischer Geistwesen zurück. Dies gilt, wie am Schluß des vorigen Kapitels gezeigt wurde, vor allem von den Hexen und Satanisten, die sich ihrer von Dämonen geborgten Kräfte rühmen. Aber auch manche Spiritisten glauben, daß sich bei ihren Sitzungen auch solche Wesen zeigen können.

Wir reden hier nun nicht von dieser Selbstinterpretation der Okkultisten, sondern von der Interpretation, die sie von außen erfahren. Es zeigt sich nämlich in der Beurteilung nicht nur dieser, sondern aller Okkultpraktiken in der Geschichte und Gegenwart die Tendenz einer globalen Dämonisierung. Immer wieder wurde und wird die Meinung vertreten, daß Menschen, die sich auf solche Praktiken einlassen, in den Machtbereich Satans und der Dämonen geraten, gleichgültig, wie sie selbst ihre Praktiken deuten.

a) Zeugnisse aus dem katholischen Bereich

Die katholische Kirche hat sich nie in letztverbindlich-dogmatischer Weise über okkulte Praktiken und deren eventuelle dämonische Verursachung geäußert. Es war aber durch viele Jahrhunderte die herrschende Meinung, die auch von Päpsten vertreten wurde, daß beim Okkultismus der Teufel und die Dämonen unmittelbare Ursache paranormaler Vorgänge seien. So lehrte z. B. der einflußreichste hochmittelalterliche Theologe Thomas von Aquin, wie seine Äußerungen über Wahrsagerei und Magie beweisen: „Jede Wahrsagerei geht aus dem Wirken der Dämonen hervor: entweder werden sie ausdrücklich angerufen, um die Zukunft zu offenbaren, oder sie mischen sich in eitle Versuche, die Zukunft zu erforschen, ein, um die Menschen in Wahn zu ver-

wickeln"[1]. Alle Arten von Magie, auch solche, die der Wiederherstellung der Gesundheit dienen sollen, sind dämonisch; magische Praktiken sind Zeichen des mit den Dämonen eingegangenen Bündnisses[2].
Diese Lehre, die sich auf die Kirchenväter des Altertums stützt[3], bestimmte auch weitgehend die kirchliche Praxis. Besonders verhängnisvoll wirkte sich dies in der Zeit des Hexenwahns aus. In dieser Epoche ging man davon aus, daß jede Art von okkulter Betätigung ein Zeichen von Hexerei sei. Jede Hexe aber galt als mit dem Teufel im Bund stehend, er war der Verursacher ihrer okkulten Fähigkeiten.
Im 19. und 20. Jahrhundert wurden die Auffassungen der Kirche in diesem Punkt zurückhaltender. Das Heilige Offizium (heute Kongregation für die Glaubenslehre) warnte mehrmals vor okkulter Betätigung[4], ohne aber eindeutig zu sagen, daß man dadurch mit Dämonen in Berührung komme. Im Jahr 1935 beschreibt die erste Auflage des Lexikons für Theologie und Kirche die damalige kirchliche Position so: Bei Wahrsagerei und Magie drängt sich „als das nächstliegende" nicht die „restlose Wegerklärung der berichteten Paraphänomene" und nicht eine „transzendente dämonistische oder spiritistische Begründung" auf, sondern „die parapsychologisch-animistische Deutung"[5]. Dieser vorsichtige Standpunkt ist wohl auch der heute von den Vertretern des kirchlichen Lehramtes eingenommene; amtliche Verlautbarungen in neuester Zeit gab es kaum, abgesehen von der durch die Autorität der Kongregation für die Glaubenslehre gedeckten Studie „Christlicher Glaube und Dämonenlehre". Dieses Dokument bringt in der Einleitung den Kampf der Kirche gegen Okkultpraktiken, den sie durch die Jahrhunderte hindurch geführt habe, in eine Linie mit dem Kampf gegen eine übertriebene Teufelsfurcht der Menschen[6]. Der Text läßt nicht ganz klar erkennen, ob er meint, daß bei solchen Praktiken eine wirkliche oder nur eine eingebildete Abhängigkeit vom Teufel entstanden sei.
Klar kommt hingegen die Überzeugung, daß paranormale Phänomene bei okkulten Praktiken sehr leicht dämonischen Ur-

sprung haben können, bei manchen katholischen Theologen und pastoralen Schriftstellern der Gegenwart zum Ausdruck. So sagt z. B. Georg Siegmund, der Teufel vermöge „sogar Wunder und Weissagungen nachzuahmen", weil sich seine Macht und sein Einfluß innerhalb bestimmter Grenzen über alle Wesen und Kräfte der Natur erstreckten[7]. Daß der landläufige Spiritismus Teufelswerk ist, scheint Siegmund eine im allgemeinen berechtigte Diagnose[8]. Er hält es auch für möglich, daß manche Menschen durch einen Pakt mit dem Teufel zu dämonischem Wissen und magischen Kräften gelangen können[9]. Paranormale Phänomene gelten in dieser Sicht zumindest als mögliches Indiz für dämonische Machenschaften, vor allem dann, wenn sie aus einer widerchristlichen Einstellung heraus hervorgerufen werden, was ja bei vielen Okkultpraktiken tatsächlich der Fall ist.
Eine noch undifferenzierte Gleichsetzung von paranormalen Vorgängen mit teuflischem Treiben findet sich bei Bonifatius Günther. Zum Spiritismus sagt er etwa: Ohne Zweifel sei der Satz, die Seele besitze bis jetzt noch nicht genügend erkannte Kräfte, richtig. Wenn aber nur dieser Satz „als Beweis für die Erklärung der merkwürdigen Erscheinungen in spiritistischen Sitzungen" angeführt werden könne, dann sei das nicht überzeugend. „Da müßte man doch schon wenigstens prüfen, ob die anderen Erklärungen, welche aus der Erkenntnis des tatsächlichen Arbeitens der Hölle auf Erden kommen, nicht klarer und besser sind"[10]. Und ganz allgemein über die okkulten Phänomene: „Wer ins Reich des Okkulten vorstoßen will, muß überlegen: Gewiß gibt es verborgene Seelenkräfte im Menschen, die noch nicht entdeckt worden sind. Es besteht aber auch die Möglichkeit, im Reich des Okkulten jenen Kräften zu begegnen, die nur unser Verderben wollen. Satan und die Seinen sind ja ständig darauf aus, uns zu schaden . . ."[11]. So sicher ist Günthers Voraussetzung, daß okkult gleich dämonisch-satanisch sei, daß er die Parapsychologie als Wissenschaft skeptisch beurteilt. Sie ist für ihn wohl zumeist auf Satan hereingefallen[12].
Auch Egon von Petersdorff führt in naiver Weise alle Okkultphänomene auf dämonische Machenschaften zurück[13]. Sein umfang-

reiches Werk wird von Georg Siegmund hoch geschätzt, was wohl ein Indiz dafür ist, wie sehr dieser – selbst an sich differenzierter denkende – Theologe im Tiefsten mit der in Petersdorffs Werk anzutreffenden Grundauffassung übereinstimmt: daß der Mensch immer und überall von Dämonen bedroht wird, wird zwar nicht nur im Bereich des Okkultismus erfahren, aber doch hier am deutlichsten.

b) Fundamentalistische Zeugnisse aus dem evangelischen Raum

Es gibt auch im Bereich der verschiedenen evangelischen Kirchen theologische und pastorale Strömungen, die das Okkulte von vornherein dämonisieren.

Gemeinsam ist diesen Strömungen der *Fundamentalismus,* der hier nur sehr allgemein und unscharf charakterisiert werden kann: Er will die Heilige Schrift in allem so wörtlich wie möglich verstehen und nichts davon wissen, daß es in ihr zeitbedingte Anschauungen geben könne, die dem damaligen Weltbild entsprangen, das von Natur und Geschichte noch keine wissenschaftlichen Kenntnisse haben konnte. Er nimmt auch die Forschungen der modernen Bibelwissenschaft bezüglich der Besonderheiten der literarischen Darstellung in der Bibel nicht zur Kenntnis, z. B. die Tatsache, daß es biblischer Geschichtsschreibung weniger auf die Schilderungen exakter Einzelheiten als auf die Herausstellung des theologischen Sinnes einer Begebenheit ankommt. Am wenigsten anerkennt der Fundamentalismus, daß es in der Bibel sogar in der Erfassung der von Gott geoffenbarten Wahrheit menschliche Unzureichendheit geben kann. Den eigenen Standpunkt setzt er in naiver Weise absolut und projiziert ihn unreflektiert in die Bibel hinein.

Wegen seines großen Einflusses, dem ich persönlich auch bei zahlreichen katholischen Gruppen begegnet bin, sei aus diesem Bereich zunächst Kurt E. Koch angeführt[14]. Dieser Autor ist zwar bemüht, die bei okkulten Praktiken geschehenden Phänomene zunächst nicht allzu direkt zu dämonisieren. Er anerkennt die Beiträge der verschiedenen Wissenschaften zu ihrer Erhellung. Er scheint auch offen zu sein für die Parapsychologie und hält die von ihr angebotene Erklärung von Paraphänomenen zumindest manchmal für diskutabel. Er warnt sogar mit parapsychologischen Argumenten vor einer „voreiligen Dämonentheorie"[15]. Aufgrund der zumeist zu beobachtenden Tatsache, daß okkulte Praktiken nicht in christlichem Geist, sondern in einer Haltung der Verschlossenheit oder sogar Rebellion gegen das Evangelium geschehen, ist er aber der Ansicht, daß sich die Menschen, die sie betreiben, dadurch in den Machtbereich des Teufels und der Dämonen begeben. Vom Neuen Testament her müssen okkulte Phänomene verstanden werden „als Symptom des Widerstreites der Civitas Diaboli (= Reich des Teufels; d. Verf.) gegen die Basileía toū Theoū (= Reich Gottes; d. Verf.)"[16]. Man könnte das freilich noch so verstehen, daß die Energien, die bei okkulten Phänomenen wirksam werden, natürlich seien und nur von den Dämonen in ihren Dienst genommen würden. Das scheint jedoch – zumindest nach den Aussagen des zweiten Teils des Buches von Koch – nicht im Sinn des Autors. In diesem zweiten Teil wehrt er sich nämlich gegen die parapsychologische Erklärung des Tischerlrückens[17], wobei er in direkten Widerspruch zur oben angeführten positiven Äußerung über die Parapsychologie gerät[18]. Die parapsychologische Erklärung von Spukphänomenen als paranormale Entladung von Affektstau hält er an dieser Stelle seines Buches für unmöglich. Mit Blickwinkel auf Hans Bender schreibt er: „Parapsychologen . . . machen aus dem Unterbewußtsein des Menschen einen Deus ex machina, eine überdimensionale Größe, nur weil sie es nicht wahrhaben wollen, daß es übersinnliche, metaphysische, außermenschliche Wirkungszentren gibt"[19].

Ebenso eindeutig wie Kurt E. Koch spricht sich der reformierte Pfarrer Wilhelm C. van Dam aus[20]. Auch er nimmt die parapsychologische Forschung bis zu einem gewissen Grad zur Kenntnis, bringt aber doch alle von ihm behandelten okkulten Phänomene (Rutengehen, verschiedene Formen des Wahrsagens, Spiritismus, Magie, paranormale Heilung, ja sogar Hypnose und Akkupunktur) in die Nähe dämonischer Mächte. Begründet ist diese

Interpretation – wie bei Koch – in einem bestimmten Verständnis der Bibel und des Christentums überhaupt: „Die biblische Offenbarung kennt zwei übernatürliche Wirklichkeiten . . . Es gibt das Herrschaftsgebiet Gottes und das . . . Reich der Finsternis. Das eine wird von Jesus Christus, das andere vom Bösen repräsentiert. Jesus aber ist der Sieger, der die finsteren Mächte entwaffnet hat (Kol 2,15). Beide Reiche haben ihre Wunder und Zeichen. Die Bibel spricht auch deutlich von den Zeichen des Bösen: Mt 24,24; 2 Thess 2,9; Offb 13,13"[21].

c) Zusammenfassung und Stellungnahme

Das letzte Zitat aus dem Buch von Willem C. van Dam formuliert deutlich das Anliegen, um das es, so meine ich, allen angeführten Autoren, seien sie nun katholisch oder evangelisch, geht. Mehr oder weniger eindeutig tendieren sie dazu, die bei okkulten Phänomenen und Praktiken zu beobachtenden außergewöhnlichen, auch für die klassischen Natur- und Humanwissenschaften ein Problem darstellenden Geschehnisse als „übernatürlich" zu verstehen. Einem Teil der zitierten Stimmen (Thomas von Aquin, kirchliches Lehramt zur Zeit der Hexenverfolgungen) waren dabei parapsychologische Forschungen noch nicht bekannt, die Autoren der Gegenwart kennen sie zwar, halten sie aber entweder für unerlaubt (Bonifatius Günther), schätzen ihren Erklärungswert gering ein (Willem C. van Dam) oder beschränken ihn auf ein bestimmtes Feld und grenzen daraus bestimmte Geschehnisse aus, die doch auf Dämonen zurückgeführt werden müssen (Georg Siegmund, Kurt E. Koch), wodurch das Verhältnis zur Parapsychologie ausgesprochen widersprüchlich werden kann (Koch).

Mir scheint, daß hinter der Tendenz, okkulte Phänomene für übernatürlich zu halten, letztlich der unbewußte Wunsch steckt, einen sicheren Beweis für die Wahrheit des Glaubens in Händen zu haben. Es ließe sich zeigen, daß alle angeführten theologischen Richtungen dem Wunderbeweis einen großen Wert in der Glaubensbegründung zumessen. Wunder gelten z. B. in der traditionellen katholischen Fundamentaltheologie, die den Glauben rational begründen und verteidigen will und zu deren bedeutendsten Vertretern Georg Siegmund gehört, als sicheres Zeichen für das schöpferische Handeln Gottes in der Natur, womit Gott selbst die Wahrheit des Evangeliums und der kirchlichen Lehre bestätigt. In der evangelischen Theologie hat dieses Wunderargument zwar keine so glanzvolle Geschichte, von Kurt E. Koch und Willem C. van Dam wird es aber auch vertreten; von letzterem stammt ja das eindeutige Zitat am Ende des letzten Unterabschnittes, wovon der gegenwärtige Unterabschnitt ausgeht. Paranormale Geschehnisse bei okkulten Ereignissen sind in dieser Sicht sozusagen etwas Negativ-Übernatürliches. Auch in ihnen zeigt sich eine übernatürliche Macht, von der der gläubige Christ aus der Offenbarung weiß: die Macht des Teufels und der Dämonen. So werden auch diese Geschehnisse zu einer Art Glaubensargument. Es bedeutet eine Stütze für die Wahrheit der Glaubenslehre, wenn sich auch die Dämonen, die in ihr einen zentralen Platz einnehmen, möglichst eindeutig bemerkbar machen. Deswegen wohl die Skepsis oder gar Aversion gegen die Parapsychologie, die diesen Glaubensbeweis in Frage stellt, da sie sowohl die positiven Wunder als auch die negativ-übernatürlichen, okkulten Phänomene natürlich erklären will und auch mögliche Erklärungsmodelle anbietet.

Das Argument, das von der naturwissenschaftlichen Unerklärlichkeit mancher Geschehnisse darauf schließen will, hier müßten Gott oder dämonische Mächte am Werk sein, hat nun freilich die grundsätzliche Schwäche, daß wir nur einen kleinen Ausschnitt dessen kennen, was in der Natur geschieht, und auch nur einen kleinen Ausschnitt der Gesetze, nach denen das Naturgeschehen abläuft. Wir können deswegen nur sagen, ein Phänomen sei von unseren augenblicklichen Kenntnissen der Natur her unerklärlich, nie aber, es gehe prinzipiell über das natürlich Mögliche hinaus. Selbst wenn einer die Aussagen der Parapsychologie nicht annimmt, muß er zugeben, daß es für okkulte Phänomene im Prinzip eine andere natürliche Erklärung geben könne.

Dagegen können unsere Autoren einwenden, es sei ja nicht die naturwissenschaftliche Unerklärlichkeit der okkulten Phänomene allein, die auf eine dämonische Verursachung schließen lasse; es sei vielmehr der ganze Kontext, in dem sie sich ereignen, zu beachten: immer gehe es um Auflehnung gegen Gott oder gar um Abfall von ihm[22]. Kurt E. Koch zeigt in seinem Buch immer wieder, wie der Okkultismus Hand in Hand geht mit bewußter Feindschaft oder neurotischen Hemmungen gegenüber der biblischen Botschaft. Willem C. van Dam stellt fest, mit okkulter Betätigung seien immer „Störungen in der Kommunikation mit Gott" verbunden. „Christen bekommen Schwierigkeiten mit dem Namen Jesus, dem Gottesdienstbesuch, der Feier des Abendmahls oder mit Beten und Bibellesen. Abnahme der Glaubenskraft und der Freudigkeit, zunehmendes Desinteresse, selbst Abwendung vom Evangelium Jesu Christi sind häufig die Folgen"[23].

Dieser Einwand ist freilich nicht durchschlagend, denn er setzt voraus, daß solche Aversionen gegen das Religiöse direkt von dämonischen Mächten verursacht werden. Das aber ist ein Kurzschluß. Derartige Einstellungen und Verhaltensweisen können dem Unbewußten entstammen und neurotischen oder psychotischen Charakters sein; sie können dabei sehr verständliche Gründe haben, z. B. eine überstrenge Erziehung in der frühen Kindheit [24]. Es kann aber auch sein, daß die Gegenhaltung gegen das Christentum frei eingenommen und mit der Entscheidung für eine okkultistische Weltanschauung verbunden wurde. Auch in diesem Fall können subjektiv verständliche Gründe vorliegen: vielleicht hat der Betreffende den christlichen Glauben nicht von innen her verstanden – etwa aufgrund schlechter Erfahrungen, die er mit Christen oder Vertretern der Kirche gemacht hat. Der Protest gegen die von van Dam vertretene enge Bibelauslegung, in der Hypnose, Akkupunktur, Radiästhesie und alles Paranormale verteufelt werden, ist nur zu berechtigt und kann nicht ohne weiteres auf Widerstand gegen Gott zurückgeführt werden: es handelt sich hier zunächst nur um Widerstand gegen eine bestimmte Sicht von Gott. Selbst dann aber, wenn sich ein Mensch in schuldhafter Weise gegen die christliche Botschaft wendet, ist damit noch nicht gesagt, daß dadurch Dämonen ein direktes Einfallstor zu außerordentlichen Wirkungen in der Welt geöffnet würde. Sicher: ein Satanist mag subjektiv glauben, ihm stünden in seinen vielleicht tatsächlich vorhandenen paranormalen Fähigkeiten, die er zu destruktiven Wirkungen benützt, dämonische Kräfte zur Verfügung; eine Frau, die sich als Hexe fühlt, mag überzeugt sein, daß ihre vielleicht wirklich gegebenen ASW-Fähigkeiten und die Macht über manche Menschen, die ihr als erfolgreicher Wahrsagerin eigen ist und geradezu magisch werden kann, dem Satan zu verdanken sei; beide mögen sich wegen ihrer Praktiken schuldig fühlen aus dem Wissen heraus, daß diese mit dem christlichen Glauben nicht vereinbar sind: das alles bewegt sich aber auf der Ebene menschlicher Verirrung und Schuld, und die hinzukommenden paranormalen Phänomene ändern nichts daran. Mit dieser Beurteilung ist freilich noch nicht alles gesagt. Wir kommen auf die Frage im 3. Abschnitt dieses Kapitels zurück.

Vielen Lesern mag sich bei unseren Überlegungen mehr und mehr der Einwand aufdrängen, daß wir uns auf einen Widerspruch zur Bibel hinbewegen. Sieht nicht die Schrift dort, wo der Mensch sich gegen das Christentum wendet, den Satan am Werk? Mögen auch die Schriftstellen, die z. B. von Dam anführt um zu beweisen, daß die Bibel alle Okkultpraktiken direkt in satanischen Mächten begründet, im einzelnen für einen solchen Beweis ungeeignet sein[25]: trifft van Dam nicht doch richtig die biblische Grundtendenz, die vor allem das Neue Testament bestimmt? Sah sich nicht Jesus in seinem Wirken direkt mit der widergöttlichen Macht des Satans konfrontiert? Mag auch die Bibel weniger, als Willem C. van Dam und Kurt E. Koch annehmen, von Okkultpraktiken und ihren dämonischen Ursachen reden, so scheint sie doch bei einem anderen Phänomen ganz klar zu bezeugen, daß in ihm der Teufel und die Dämonen gleichsam ihr „Antlitz", ihre widergöttliche Fratze, zu erkennen geben: bei der *Besessenheit.*

Bei der Besessenheit treffen nach Meinung der zitierten katholischen und evangelischen Autoren die beiden charakteristischen

Merkmale, die die okkulten Vorgänge ihrer Ansicht nach im allgemeinen kennzeichnen und die auf dämonische Verursachung schließen lassen, ebenfalls zu: Besessene verfügen über paranormale Kräfte; sie sind eingebunden in den Kontext einer widergöttlichen, destruktiven Dynamik[26]. Diese und andere Merkmale ließen bei den Besessenen besonders deutlich erkennen, daß sie im Bann einer „übernatürlichen" negativen personalen Macht stehen müßten, eben des Teufels und der Dämonen.

Bei der Besessenheit handelt es sich zwar auch um ein okkultes Phänomen, nicht aber um eine vom Menschen ausgeübte Praktik, sondern um ein Ereignis, das ihn wie schicksalhaft überfällt, gegen seinen bewußten Willen. Aus diesem Grund wurde die Besessenheit nicht im vorigen Kapitel behandelt, in dem es um okkulte Praktiken ging. Außerdem führt uns das Thema der Besessenheit endgültig hinein in die Theologie, da es den Anschein hat, daß Jesus selbst mit seiner Autorität als endgültiger Offenbarer Gottes sich dafür verbürgt, daß wir es hier mit Dämonen bzw. mit dem Satan, ihrem Haupt, zu tun haben, und zwar von Angesicht zu Angesicht.

2. Die Besessenheit – die deutlichste Manifestation satanischer Macht?

a) Jesus als Exorzist

Die synoptischen Evangelien bezeugen, daß Jesus Menschen, die allem Anschein nach an psychischen Ausnahmezuständen litten, dadurch von ihrer Bedrängnis befreit hat, daß er einen Exorzismus vornahm, d. h., daß er aus ihnen Dämonen austrieb. Sie bezeugen auch, daß er sein ganzes Wirken als einen Kampf gegen den Satan, den Widersacher Gottes, erlebt hat.

Über diesen Befund wird bis heute unter den Exegeten diskutiert. Diese Diskussion, die sehr kontrovers geführt wird und in vielen Einzelfragen unentschieden ist, kann hier nicht dargestellt werden[27]. Ich möchte hier die Sicht der Probleme wiedergeben, die mir aufgrund der Diskussion als mit großer Gewißheit vertretbar erscheint.

Zunächst ist davon auszugehen, daß zwischen dem Satan oder Teufel einerseits und den Dämonen anderseits insofern deutlich zu unterscheiden ist, als es sich um Vorstellungen unterschiedlicher Herkunft handelt.

Die Gestalt des *Satans* kommt erst in relativ spät verfaßten Schriften des Alten Testaments vor. Das Wort bedeutet auf deutsch „Widersacher". Zum ersten Mal hören wir von ihm Ende des 6. Jh.s v. Chr. Sach 3,1–7, wo er die Rolle eines himmlischen Anklägers der Menschen spielt. Vielleicht etwas später wurde das Buch Ijob niedergeschrieben, in dem Satan im Prolog auftritt, und zwar „inmitten der Gottessöhne, das heißt der Engel, die den himmlischen Hofstaat Gottes bilden"[28], und sich von Gott ausbittet, Ijob versuchen zu dürfen. 1 Chr 21,1 verführt der Satan David zu einer sündhaften Tat, zur Zählung des Volkes gegen den Willen Gottes. Weish 2,24 – 1. Jh. v. Chr. – ist der Neid des Teufels der Grund dafür, daß der Tod in die Welt kam; das hier für Satan verwendete griechische Wort *diábolos,* von dem das deutsche Wort „Teufel" kommt, bedeutet „Durcheinanderwerfer". In diesen Schriftstellen zeigt sich, wie eine Engelsgestalt, „ursprünglich gleichsam ein ‚Funktionär' Gottes"[29], allmählich den Charakter eines grundsätzlich menschenfeindlichen und gottwidrigen Wesens bekommt, das den Menschen versucht und zum Bösen verleiten will.

Auch der Glaube an *Dämonen* als böse Geister, die die Menschen schädigen, entfaltet sich erst in den letzten vorchristlichen Jahrhunderten, wohl unter dem Einfluß der Begegnung Israels mit orientalischen Religionen zur Zeit des babylonischen Exils[30]. In apokryphen Schriften finden wir mannigfache Vorstellungen über den Ursprung, den Sündenfall und das Wirken der Dämonen. Angeführt wird dieses unheimliche Heer von einem Herrscher, der verschiedenste Namen trägt. Diese Gestalt wurde naturgemäß immer mehr mit dem alttestamentlichen Satan identifiziert[31]. „Die Dämonen sind die Schädiger und Verderber schlechthin . . . Besonders im sexuellen Bereich gefährden und verunreinigen sie den Menschen . . . Krankheiten des Leibes und des Geistes . . . und vor allem der Tod sind ihr Werk . . .;

die Berührung mit Leichen und Aas macht ‚unrein' . . . Dabei ist die Unreinheit durch Kontakt mit Toten genauso dämonengewirkt wie die ‚Besessenheit' der Geisteskranken . . .; Reinigung . . . gilt als Exorzismus. Die Heilungen Kranker und Besessener bestehen im Austreiben der Krankheitsdämonen . . ."[32]

Ich meine nun, daß man um die Feststellung nicht umhin kann, daß Jesus diese dämonologischen Anschauungen seiner Zeitgenossen zwar von vielem absonderlichem Beiwerk gereinigt, aber doch in nicht unwesentlichen Zügen geteilt hat[33]. Auch er ist von der Voraussetzung ausgegangen, daß es dämonisch verursachte Ausnahmezustände gibt, die nur dadurch behoben werden können, daß die Dämonen vertrieben werden, also durch Exorzismus. Er hat diese Dämonen in einer Linie gesehen mit dem Satan. Ohne eine detaillierte Lehre über das Reich des Bösen geben zu wollen, sah er zwischen dem versucherischen Wirken des Satans, das er selbst erfuhr und das die Menschen bedroht, und den entfremdenden Wirkungen der Dämonen auf die von ihnen befallenen Menschen einen inneren Zusammenhang. Beides ist letztlich destruktiv, beides stellt sich der Aufrichtung des Reiches Gottes entgegen. Hinter beidem sieht Jesus Auflehnung gegen Gott und seinen Heilswillen für die Menschen am Werk: die bösen Geister – Satan und Dämonen – suchen die Menschen in ihre Auflehnung gegen Gott hineinzuziehen (Versuchung zur Sünde); sie fügen ihnen aber auch jede Art von sonstigem Schaden an Leib und Seele zu (Krankheiten) und berauben sie ihrer geistigen Selbstbestimmung, indem sie ihre Persönlichkeit ausschalten und sich ihres Leibes wie eines willenlosen Werkzeugs bedienen (Besessenheit). So ist dämonische Besessenheit ein im Sinne Jesu beachtliches Beispiel satanischer Machtentfaltung[34].

Welche Zustände hat Jesus nun als Besessenheit eingeschätzt?
– Soweit sich nach den spärlichen Andeutungen der Evangelien ein Bild gewinnen läßt, lagen zumeist Symptombilder vor, bei denen man heute auf psychische, psychosomatische oder auch organische Krankheiten schließen würde. Eine nähere Dia-

gnose läßt sich freilich nicht stellen, dazu sind die Angaben doch zu vage: so spricht z. B. Mt 9,33–34 einfach von einem Stummen, Mt 12,22 von einem, der blind und stumm war. Am ehesten scheint eine genauere Bestimmung bei Mk 9,14–29 möglich: hier sprechen die Anzeichen deutlich für Epilepsie. Im allgemeinen hat es den Anschein, daß die Betroffenen an Affektionen litten, die ihre vor allem psychische Selbstverfügung beeinträchtigten oder überhaupt ausschalteten. Sie schienen im Bann einer fremden Macht zu stehen, eben des Dämons, den Jesus anfuhr und vertrieb.

– Die Menschen, die Jesus exorzierte, scheinen manchmal über paranormale Fähigkeiten verfügt zu haben, so etwa, wenn sie das Geheimnis Jesu erkannten (vgl. Mk 1,24; 5,6). Es ist freilich auch denkbar, daß es sich hier um das intuitive Erfassen der Ausstrahlung Jesu handelte, ohne daß man Telepathie annehmen müßte. Nicht zu vergessen ist auch, daß uns die Exegese davor warnt, alle Züge der evangelischen Perikopen unbesehen als historisch zu nehmen.

– Zwischen „normalen" Krankheiten und Besessenheit sind die Grenzen nicht immer fest zu ziehen. Lk 4,39 gebietet Jesus dem Fieber zu weichen, vielleicht ein Indiz dafür, daß als Krankheitsursache ein Dämon angenommen wird, der bei der Heilung vertrieben werden muß. Lk 13,10–13 wird eine Krankheit – Verkrümmung des Rückens – direkt auf das Wirken eines Dämons zurückgeführt (dieser wird 13,16 mit dem Satan in Verbindung gebracht oder gar identifiziert), die Heilung geschieht aber dennoch durch Handauflegung und nicht durch Exorzismus. In der Perikope Mk 1,40–45, einer Heilungsgeschichte, schimmern Spuren eines Exorzismus durch: der Zorn Jesu, von dem 1,41 in der wohl ursprünglichen Lesart die Rede ist, sowie der Satz 1,43 („. . . er fuhr ihn an und trieb ihn aus": wörtliche Übersetzung) scheinen sich auf einen Dämon zu beziehen[35]. Apg 10,38 scheint sogar alle Krankenheilungen Jesu als Teufelsaustreibungen zu bezeichnen.

– Es fällt weiters auf, daß Jesus alle Menschen, die von seinen Zeitgenossen für besessen gehalten und deswegen zu ihm ge-

bracht wurden, auch als solche akzeptierte. Nie ist davon die Rede, daß er eine Differentialdiagnose gemacht und erklärt habe, in einem bestimmten Fall liege eine normale Krankheit und nicht eine Besessenheit vor.
Das alles spricht wohl dafür, daß Jesus die damals von vielen seiner Zeitgenossen gehegte Meinung teilte, daß hinter Krankheiten allemal dämonische Mächte stünden, die im Betroffenen mehr oder weniger direkt ihr Unwesen trieben. Krankheit und Besessenheit gehörten demnach zusammen und gingen ineinander über. Die Besessenheit als die intensivste Form dämonischer Einwirkung auf die Menschen bestand in dieser Sicht darin, daß der Dämon ganz und gar vom Menschen Besitz ergriffen hatte, sodaß dieser nicht mehr Herr seiner selbst war, sondern der Dämon durch ihn sprach und handelte. Je nach dem Maß, in dem der Dämon sich in einem Menschen festgesetzt hatte, war der Exorzismus mehr oder weniger angezeigt.
Soweit die Sicht Jesu. Die Konsequenzen, die daraus für unsere Zeit gezogen werden, fallen bei den fundamentalistischen Autoren aus dem evangelischen Bereich etwas anders aus als bei den katholischen.

b) Besessenheit aus der Sicht fundamentalistischer Autoren aus dem evangelischen Raum

Willem C. van Dam geht – aufgrund seines fundamentalistischen Standpunktes – davon aus, daß Jesu Deutung der Besessenheit in allen Einzelheiten für alle Zeiten maßgebend bleiben müsse. Jesus habe nicht alle zeitgenössischen Vorstellungen über das Wirken der Dämonen übernommen, sondern daraus nur „einige Fäden herausgezogen und (ihnen) in seiner Botschaft Platz gegeben". Er hat „die Existenz von Dämonen anerkannt und ihre Aktivität als Plagegeister hauptsächlich auf das Verursachen von Besessenheit beschränkt. Er hat den Gedanken . . . übernommen, daß die Dämonen ein Reich unter dem Satan bilden". Er hat festgehalten, „daß sie mit ihrem Chef beim Weltgericht vernichtet werden sollen. Diese Fäden hat Jesus, sie in seine Ver-

kündigung aufnehmend, legitimiert. Die Dämonenvorstellungen seiner Zeit, die ‚natürliche Dämonologie', hat Jesus aber entmythologisiert"[36].
Diese Sicht Jesu ist auch für unsere Zeit Richtschnur der Beurteilung psychischer Ausnahmezustände. Demnach ergibt sich für van Dam, daß folgende Merkmale die Besessenheit kennzeichnen:
„1. Heftiges Widerstreben gegen alle göttlichen Einflüsse (...)
2. Eine auffallend starke Körperkraft (...).
3. Störungen in den organischen Funktionen (...).
4. Das Sprechen eines anderen aus dem Besessenen (...).
5. Selbstverwundungen (...) und Selbstmordversuche (...).
6. Ein unruhiges, aggressives Verhalten, eine wütende Erregung (...).
7. Ein geschärftes Wahrnehmungsvermögen, übernatürliche Kenntnisse, Wahrsagen (...).
8. Besondere Erscheinungen beim Ausfahren des Dämons (Krämpfe, Schreie, zu Boden fallen) (...).
9. Erschöpfung, aber völlige Genesung nach erfolgter Austreibung (...)"[37].
Bei Kurt E. Koch findet sich eine ähnliche Symptomreihe[38].
Bezüglich des Verhältnisses dieser Phänomene zu analogen Erscheinungen bei psychosomatischen bzw. psychischen Krankheiten vertritt Willem C. van Dam folgenden Standpunkt:
– Zwischen Krankheiten und Besessenheit ist zu unterscheiden. Deswegen kann es sich z. B. beim besessenen Knaben, von dem Mk 9,14–29 erzählt wird, nicht um gewöhnliche Epilepsie gehandelt haben. Van Dam versucht, dies durch für Epilepsie atypische Züge des in der Perikope geschilderten Symptomkomplexes aufzuzeigen[39]. Weiters führt er Kriterien an, durch die sich die Besessenheit von Hysterie, Schizophrenie und Persönlichkeitsspaltung unterscheidet[40].
– Es können aber auch Krankheiten einen dämonischen Hintergrund haben. Als klarstes Beispiel wird die Epilepsie angeführt[41]. Van Dam scheint es aber auch für möglich zu halten, daß hysterieartige Zustände dämonisch verursacht sein kön-

nen[42]. Auch Schizophrenie und Besessenheit sind manchmal nicht leicht unterscheidbar[43], woraus sich ergibt, daß auch schizophrenieartige Zustände auf dämonische Einwirkung zurückgehen können. Die Persönlichkeitsspaltungen sind der Besessenheit überhaupt sehr ähnlich[44]. Im ganzen muß man sagen: Dämonen können Affektionen hervorrufen, die leicht mit einer psychischen Krankheit verwechselt werden können.
Auch zum Verhältnis der Besessenheitsphänomene zu paranormalen Erscheinungen stellt Willem C. van Dam Überlegungen an.

– Zwischen den paranormalen Phänomenen, die die Parapsychologie natürlich erklären kann, und den Besessenheitsphänomenen bestehen gravierende Unterschiede, wobei besonders auf die größere Intensität der Besessenheitsphänomene zu verweisen ist: „Ein fließendes Sprechen von fremden Sprachen ist parapsychologisch nie festgestellt worden"[45]. Auch die von der Parapsychologie behandelten psychokinetischen Phänomene reichen nicht an das heran, was bei Besessenheit vorkommt (z. B. Schweben des Besessenen auf Befehl des Exorzisten)[46]. „Die Besessenheitsphänomene können nicht mit Sicherheit als Überleistungen des Unterbewußtseins erklärt werden. Alles weist auf das Einwirken anderer Faktoren hin, auf das Eingreifen transzendenter Wirkungszentren"[47].

– Außerdem ist sogar zu vermuten, daß bei den meisten paranormalen Phänomenen Dämonen im Spiel sind[48]. Van Dams diesbezüglicher Standpunkt ist uns ja bereits bekannt. Im jetzt zur Debatte stehenden Buch formuliert er ihn so: „So kommen wir zu dem Schluß, daß die Affinität von Besessenheit und Okkultismus nicht aus einer gemeinsamen Wurzel im Unterbewußtsein zu erklären ist, sondern daß sie ihre gemeinsame Wurzel in der entweder unfreiwilligen oder gewollten Einwirkung der Dämonen haben"[49].

Wenn man sich diese Versuche, Besessenheitsphänomene von ähnlich aussehenden Erscheinungen abzugrenzen, genauer ansieht, dann lassen sie sich kurz so zusammenfassen: Eine Abgrenzung zu psychischen Krankheiten hin ist zwar möglich, aber in

bestimmten Fällen scheint diese Grenze durchbrochen; eine Abgrenzung zu paranormalen Phänomenen wird zunächst zugestanden, aber dann eigentlich wieder aufgehoben.
So ergibt sich: Wenn sich zeigt, daß ein Mensch mit psychischen Ausnahmezuständen gleichzeitig paranormale Fähigkeiten besitzt, so liegt die Diagnose Besessenheit bereits sehr nahe. Eine definitive Entscheidung ist dann möglich, wenn auch die „religiösen Symptome" gegeben sind: gedachte oder gesprochene Gotteslästerungen und Obszönitäten zwanghaften Charakters, zwanghafte Gebetshemmungen, „Abscheu vor Christus", „Wüten gegen religiöse Gegenstände und Handlungen", „Widerstand gegen den Gottesdienst"[50].
Geschieht eine Heilung von einem psychischen Ausnahmezustand als Folge eines Exorzismus, so hält es van Dam offensichtlich für erwiesen, daß die Krankheit entweder durch dämonische Einflüsse hervorgerufen oder Besessenheit im vollen Sinn des Wortes war. Es wurde bereits erwähnt, daß van Dam auch bei epilepsie-, hysterie- und schizophrenieartigen Zuständen dämonische Krankheitsursachen oder direkte Besessenheit annahm[51]. Befreiung durch Exorzismus war der Grund für diese Annahme. Ähnlich argumentiert auch Kurt E. Koch des öfteren[52].

c) Besessenheit im Rituale Romanum und bei daran orientierten katholischen Autoren

Die katholische Kirche hat im Jahr 1614 eine Regelung der Praxis des Exorzismus eingeführt, die in einer 1954 erneuerten Fassung bis in die unmittelbare Gegenwart hinein Gültigkeit hatte. Diese Regelung ist im *Rituale Romanum* zu finden, das die Riten der in der Kirche gebräuchlichen Sakramente und Sakramentalien enthält. Dem Vernehmen nach ist derzeit eine Neuordnung in Arbeit, über deren genaueren Inhalt mir bislang nichts bekannt wurde. Das Rituale enthält zunächst 21 Vorbemerkungen theologischer, pastoraler und kirchenrechtlicher Natur, die beim Exorzismus zu beachten sind[53]. Sodann folgt der sogenannte *Große Exorzismus,* der nur von einem Priester und nur mit spezieller Erlaubnis des Bischofs durchgeführt werden darf[54]. In späterer

Zeit – unter Papst Leo XIII. – wurde der *Kleine Exorzismus* hinzugefügt [55], der oft auch von Laien praktiziert wurde; diese Praxis wurde von der Kongregation für die Glaubenslehre vor kurzem verboten[56].

In den Vorbemerkungen wird von der Möglichkeit gesprochen, daß ein psychisch Kranker mit einem Besessenen verwechselt werden könne. Um eine solche Verwechslung zu verhindern, müsse sich der Priester an die drei Kennzeichen halten, an denen man die Besessenheit erkennen könne. Wenn einer wirklich besessen sei, müsse er 1. mehrere Wörter in einer ihm fremden Sprache sprechen oder verstehen sowie 2. Entferntes und Verborgenes bekannt machen können; 3. müsse er über sein Alter oder die Möglichkeiten seiner Natur hinausgehende Kräfte zeigen. Wie zu sehen ist, handelt es sich bei den beiden ersten Kriterien sicher um paranormale Fähigkeiten; beim dritten ist eine solche wohl mitintendiert, da hier vermutlich nicht nur überproportionale Körperkräfte, sondern auch psychokinetische Fähigkeiten gemeint sind.

Manche katholische Theologen halten auch heute an dieser Sicht der Besessenheit fest und messen demnach den paranormalen Erscheinungen großes Gewicht für Besessenheitsverdacht bei. Einige dieser Theologen dämonisieren freilich das Paranormale nicht ganz so stark wie die im vorigen Unterabschnitt besprochenen evangelischen Fundamentalisten. So etwa der Jesuit Adolf Rodewyk, der seine Überlegungen so zusammenfaßt: „In der Besessenheit kommt all das vor, was man zum Bereich der Parapsychologie zählt, nur mit einer ganz anderen Spontanität, Vitalität und Intensivität"[57]. Das Charakteristische für die Besessenheit sieht Rodewyk also nicht darin, daß überhaupt paranormale Phänomene auftreten, sondern in der auch den Parapsychologen verblüffenden Leistungsfähigkeit der hier wirksamen Kräfte. Außerdem sind die paranormalen Erscheinungen bei Besessenheit stets mit abnormalen psychosomatischen Zuständen wie Trance, Lähmungen, Taubheit, Stummheit, Blindheit, Schwellungen, Verbrennungen, Verätzungen, Dermographien (= plötzlich entstehende Buchstaben auf der Haut), Halluzinatio-

nen, Zwangsvorstellungen und -handlungen verbunden[58]. Besonders wichtig sind die religiösen Symptome: die Antihaltung gegenüber allem, was mit dem Glauben zu tun hat[59]. Fast noch unbefangener als Rodewyk steht Corrado Balducci den paranormalen Phänomenen gegenüber[60]. Auch für ihn ist Besessenheit nur diagnostizierbar bei einer Verbindung solcher Phänomene mit psychischen Ausnahmezuständen sowie aufgrund der destruktiven und antireligiösen Färbung des gesamten Symptombildes[61].
Bei beiden Autoren sind die paranormalen Phänomene in diesem Symptomkomplex freilich doch von großer Bedeutung. Vor allem diese lassen eine fremde, dem Menschen überlegene Intelligenz und Wirkkraft vermuten und geben der Symptomatik ihren quasi-übernatürlichen Charakter. Würden die beiden Autoren das nicht so sehen, dann müßten sie sich ja auch vom Rituale Romanum distanzieren, das in den paranormalen Phänomenen die Hauptkennzeichen der Besessenheit sieht.
Der im vorigen Abschnitt über die theologische Bewertung okkulter Praktiken bereits erwähnte Georg Siegmund scheint den fundamentalistischen Autoren näher zu stehen. Er zitiert Willem C. van Dams Werk empfehlend[62] und stützt sich auch auf Kurt E. Koch[63]. Interessant ist auch seine positive Einschätzung des Vorarlberger Pfarrers Joseph Gassner, der im 18. Jahrhundert wirkte und nach nicht von vornherein als unglaubwürdig zu bezeichnenden Zeugnissen zahllose Menschen durch Exorzismus von körperlichen Krankheiten befreit haben soll. „Gassner war . . . der Überzeugung, daß der Teufel alle Arten von Krankheiten verursachen könne, nicht aber, daß auch tatsächlich alle Krankheiten vom Teufel herkämen." Deswegen „schickte er . . . alle die, bei denen er keine Spur eines dämonischen Einflusses feststellen konnte, zu den Ärzten." Wo aber ein solcher Einfluß vorlag, wendete er „mit einem wahrhaft erstaunlichen Erfolg" seine Exorzismen an. Er soll „Tausende von Heilungen" erzielt haben[64]. Es war also Gassners Meinung, daß viele anscheinend normale Krankheiten in Wirklichkeit vom Teufel hervorgerufen und nur durch Exorzismus heilbar seien. Georg Siegmund

teilt offenkundig diese Ansicht. Er würdigt Gassner ohne jeden Abstrich positiv, es fällt kein Wort der Kritik[65]. Für ihn ist demnach das Wirken des Teufels und der Dämonen allenthalben antreffbar: zahlreiche Krankheiten gehen ebenso darauf zurück wie psychische Ausnahmezustände, vor allem, wenn sie mit paranormalen Erscheinungen verbunden sind.

Immerhin steht auch noch Georg Siegmund fest in der katholischen Tradition und ist sich deswegen bewußt, daß man konkret mit der Diagnose Besessenheit sehr vorsichtig sein muß. Es gibt aber heute innerhalb katholischer Gruppierungen (zumeist im Bereich der Charismatischen Erneuerung) einen Teufels- und Dämonenglauben, den Léon-Joseph Kardinal Suenens als „Überspanntheit" bezeichnet. Er bringt Beispiele dieses naiven Aberglaubens. Im folgenden eine Auswahl:

Dämonen würden sich untereinander schlagen, um die tatsächliche Herrschaft über eine Person zu erlangen. Stärkere Geister sperrten die schwächeren in einer Person ein. Gähnen und Erbrechen des Exorzisten würden die Befreiung besessener Menschen beschleunigen. Durch den körperlichen Kontakt des Exorzisten mit dem Besessenen (z. B. durch Handauflegung) bestehe Ansteckungsgefahr für den Exorzisten[66].

Kardinal Suenens sagt mit Recht, daß hinter solchen Auffassungen freikirchliche bzw. pfingstlerische Sichtweisen stehen, die fundamentalistisch sind[67]. Die von mir besprochenen Autoren Willem C. van Dam und Kurt E. Koch sind zwar von solchen Überspanntheiten frei, aber ihre gemäßigteren Anschauungen sind immer noch fundamentalistisch. Sie distanzieren sich zwar von allen pfingstlerischen und charismatischen Gruppen, dort finden sich jedoch Aussagen zur Dämonenlehre, die denen van Dams und Kochs sehr ähnlich sind. Das gilt auch für manche katholische charismatische Gruppen, bei denen die beiden Autoren als Autoritäten gelten[68].

d) Besessenheit aus der Sicht der Psychologie und der Parapsychologie

Aufgrund der bisherigen Erörterungen des vorliegenden Buches ist zunächst festzustellen, daß paranormale Vorgänge für die

Diagnose Besessenheit keine geeignete Grundlage bilden. Wenn ein für besessen gehaltener Mensch Weihwasser von gewöhnlichem Wasser unterscheiden kann oder eine ihm fremde Sprache versteht, kann das auf Telepathie beruhen: der Betreffende entnimmt in diesem Fall sein Wissen unmittelbar dem Bewußtsein anderer Menschen, vor allem des Exorzisten. Auch „spukartige Vorgänge, bei denen Gegenstände sich bewegen, plötzlich auftauchen und wieder verschwinden sollen", können paranormale Phänomene sein und auf PK zurückgehen[69]. Grundsätzlich als PK-Phänomen verständlich ist wohl auch das Schweben, das im Kontext dämonischer Besessenheit immer wieder beobachtet worden sein soll. Wenn gegen diese Sicht eingewendet wird – wir haben diesen Einwand bei Adolf Rodewyk und Willem C. van Dam bereits kennengelernt –, daß die paranormalen Phänomene bei Besessenheit ungleich intensiver seien, als es der Parapsychologie sonst bekannt sei, dann ist dazu zu sagen, daß dieses Argument aus zwei Gründen problematisch ist.

– Es stimmt erstens nur in bezug auf die parapsychologischen Laborversuche, also auf die quantitativ-statistischen Experimente. Daß dort die Psi-Kräfte nur bescheidene Effekte erzielen, hängt mit der Labor-Situation zusammen. Die Versuchsanordnung soll möglichst einfach und überschaubar, die angestrebten Effekte sollen leicht beobacht- und meßbar sein. Es soll so wenig unkontrollierbare psychische und physische Nebeneffekte wie möglich geben. Die Parapsychologie hat aber bei der Beobachtung von Spontanfällen (z. B. von persongebundenem Spuk) und bei qualitativen Experimenten Vorgänge registriert, die dem, was bei Besessenheit geschieht, durchaus vergleichbar sind[70].

– Zweitens muß man davon ausgehen, daß vieles, was sich bei Besessenheit ereignen soll, nicht wirklich kritisch und vorurteilsfrei beobachtet wurde, sondern dem Bericht voreingenommener Zeugen entstammt, die in keiner Weise damit rechnen, daß in der emotional erregten „gläubigen Gemeinde", von der ein Besessener zumeist umgeben ist, zahlreiche Täuschungen und Halluzinationen vorkommen. Gerüche und Geräusche, ja sogar visuelle Beobachtungen, auch wenn sie angeblich von vielen Menschen wahrgenommen wurden, beweisen deswegen zunächst nicht allzu viel. Aus diesem Grund muß man auch mit Berichten über angeblich anderswo oder in der Vergangenheit Beobachtetes sehr vorsichtig umgehen. Hier ist zusätzlich zum eben Gesagten noch die Neigung zur Legendenbildung zu berücksichtigen, bei der Mücken häufig zu Elefanten werden.

So dürfte letztlich der Unterschied zwischen den paranormalen Vorgängen, die sich bei Besessenheit wirklich ereignen, und den aus anderem Kontext bekannten nicht so groß sein wie manchmal angenommen.

So viel zur parapsychologischen Komponente. Was nun darüber hinaus die Besessenheit so eindrucksvoll macht, ist das Phänomen, daß der Kranke zeitweise *im Bann einer fremden Persönlichkeit* zu stehen scheint, der er hilflos ausgeliefert ist. In vielen Fällen ist dabei sein eigenes Bewußtsein total ausgeschaltet, und nach Aufhören des Besessenheitsanfalles weiß er nichts von dem, was unter dem Einfluß der „Fremdpersönlichkeit" vor sich ging. Diese ist zumeist voll von destruktiver Aggressivität, bedient sich oft einer obszönen Sprache und weiß ihrerseits sehr wohl Bescheid über die Lebensumstände des Kranken, von dem sie zumeist mit verächtlichen Ausdrücken in der dritten Person redet. Sie hat ihn so weitgehend in ihrem „Besitz", daß sich sein Gehaben, der Ausdruck seines Gesichtes und seine Stimme verändern: er scheint im Zustand der Krise ein anderer geworden zu sein[71].

Die moderne Psychiatrie erforscht seit einiger Zeit einen Zustand von Persönlichkeitsspaltung, bei dem ein Mensch zwischen zwei oder mehreren psychischen Zuständen hin und her pendelt, die so verschieden sind, daß es den Anschein hat, als ob nicht ein und derselbe Mensch vor einem stünde, sondern jeweils verschiedene Personen. Man nennt dieses Krankheitsbild *multiple Persönlichkeit*[72]. Johannes Mischo, Nachfolger Hans Benders an der Universität Freiburg i. Br., berichtet über einen bekannten Fall aus der psychiatrischen Literatur:

Eine ernste, zurückhaltende, peinlich sauber aber wenig modisch gekleidete, sich gewählt ausdrückende Frau, die „fast heiligenhaft" wirkte, veränderte sich in der Sprechstunde total. Die zutage tretende „zweite Persönlichkeit" war „eitel, infantil und ichbezogen. Ihre Sprache war grob, ordinär und unkultiviert. Bewegungen, Ausdrucksverhalten und Kleidung hatten stets etwas von einer sexuellen Herausforderung". Später trat noch eine dritte „Persönlichkeit" auf. Die abgespaltenen Anteile vertraten Antriebe und Wertsysteme, die nicht ins Bewußtsein der Frau paßten und ins Unbewußte verdrängt waren. Der Heilungsprozeß bestand darin, daß sich die Frau mit diesen Tendenzen ihres Wesens allmählich aussöhnte und sie in ihre Gesamtpersönlichkeit zu integrieren lernte[73].

Bei einer multiplen Persönlichkeit bedrängen unbewußte Tendenzen und Triebkräfte den Menschen nicht nur wie bei Neurosen durch rätselhafte Symptome oder quälende Gefühle, sondern sie „erobern" sich zeitweise die gesamte Persönlichkeit und gestalten sie völlig um. Sie überschwemmen den Kranken, reißen seine bewußte Steuerung völlig an sich und lassen in ihm ein neues Ich entstehen. Es handelt sich vor allem um aggressive und primitiv-sexuelle Tendenzen, die da aus der Tiefe aufbrechen und sich zu einem neuen Persönlichkeitskomplex zusammenballen, der sich in aggressiven und obszönen Tiraden ergeht. Der Mensch muß ja diese Triebkräfte vielfach von Kindheit an verdrängen und wird nicht dazu angeleitet, mit ihnen umzugehen und sie in seine heranreifende Persönlichkeit einzubauen. Oft erlebt er sie von Anfang an als nur böse, als etwas, das es eigentlich gar nicht geben sollte, als angsterregend. In der Verdrängung tut er so, als ob es das alles wirklich nicht gäbe. Das Verdrängte bleibt freilich in der Tiefe der Seele wirksam. Im Fall einer multiplen Persönlichkeit, bei der die zugrundeliegenden Störungen besonders tiefgehend sind, kommt es in einer besonders eindrucksvollen Weise zum Durchbruch.

Daß die abgespaltenen Persönlichkeitskomplexe oft auch eine extrem antireligiöse, ja blasphemische Einstellung zeigen, ist nicht verwunderlich. Es kommt daher, daß die durchbrechenden Triebkräfte von Anfang an auch als widergöttlich und von Gott verboten erlebt wurden. Wenn sie sich nun durchsetzen, und

zwar auf eine so radikale Weise, daß sie die ganze Person in Beschlag nehmen und umformen, dann können sie das bei einem religiösen Menschen nur in direktem Widerstand gegen Gott. Der von ihnen befallene, in Beschlag genommene Mensch wird deswegen – gegen seine „normale" Einstellung – zu einer unwiderstehlichen Rebellion gegen Gott fortgerissen.
Warum kann nun die Spaltpersönlichkeit als Teufel auftreten, wie es bei Besessenheit der Fall ist?
Das kommt daher, daß der Teufel als böser Geist gilt, der alles dem Menschen Verbotene, von ihm Verdrängte, in sich verwirklicht. Er ist schlechthin unrein, aggressiv und widergöttlich. Wenn nun ein Mensch von solchen unbewußten Tendenzen in einer Weise überwältigt wird, daß sich sein einheitliches Ich-Leben spaltet und er ein anderer zu werden scheint, dann liegt es nahe, daß er als dieser andere jene Rolle spielt, mit der alle als negativ erlebten Triebkräfte fest verbunden sind, eben die Rolle des Teufels. Wer soll denn dieser sich in der Psyche erhebende „Geist" mit seinen teuflischen Eigenschaften sonst sein als der Teufel selbst?
Wie schnell die Spaltpersönlichkeit diese Rolle annimmt, hängt natürlich davon ab, wie lebendig der Teufelsglaube im Kranken und in seiner Umgebung ist. Ist er sehr massiv und herrscht eine tiefsitzende Besessenheitsangst – ist man also schnell geneigt, psychische Ausnahmezustände und eventuell hinzukommende paranormale Vorkommnisse als Zeichen für Besessenheit zu bewerten –, dann werden Besessenheitszustände eher auftreten, weil dann die Teufelsrolle für eine eventuell sich bildende Spaltpersönlichkeit sehr nahe liegt und den Spaltungsprozeß sogar beschleunigen kann. Wenn die Umgebung eines psychisch Kranken krankhafte Symptome als Besessenheit deutet, kann die Persönlichkeitsspaltung und die „Besessenheit" dadurch vielleicht sogar erst entstehen. Besonders verhängnisvoll ist es, wenn eine solche Deutung von Personen, die für den Kranken eine Autorität darstellen, z. B. von Seelsorgern, gegeben wird. Es scheint, daß in solchen Fällen den einzelnen „Dämonen" ihre Rolle von der Umgebung geradezu vorgegeben wird. Sie verhalten sich so, wie

es diese – vor allem der Exorzist – erwartet, wobei telepathische Wahrnehmungen von Erwartungen durch den Kranken dazu führen können, daß seine „Dämonen" sich mit erstaunlicher Präzision auf die Theologie des Exorzisten einstellen. Sie geben genau die Antworten, die seinen theologischen Ansichten entsprechen, ohne daß er bemerken würde, daß er es hier mit seinen eigenen Ideen zu tun hat, die vom „Besessenen" auf dem Weg von ASW erspürt wurden.

So qualvoll für den Kranken seine Rolle auch ist – ist er doch ungeheuren Spannungen und Leiden ausgesetzt und verliert mehr und mehr den inneren Zusammenhalt seiner Psyche –, so hat er doch auch einen Gewinn von seinem Zustand. *Erstens* ist es ihm möglich, tief verdrängte Tendenzen seiner Person wenigstens irgendwie auszuleben. Er selbst und seine Umgebung halten ja die primitiven triebhaften Ausbrüche nicht für von ihm selbst kommend, sondern für Äußerungen des Teufels. Man nimmt nicht wahr, daß hier das Chaos in der Psyche des Betroffenen durchbricht, sondern meint, das Chaos sei von einer fremden Macht verursacht. So wird der Betroffene von dem ganzen Vorgang völlig entlastet: mit ihm selbst hat er nichts zu tun. *Zweitens* gerät der Besessene in den Mittelpunkt der Aufmerksamkeit und Fürsorge einer Gruppe von Menschen und von Seelsorgern[74].

Der äußere Anschein, daß der Kranke im Bann einer fremden Persönlichkeit steht, die durch ihn gegen den Glauben wütet, berechtigt also nicht zur Annahme, daß ein unmittelbares Eingreifen dämonischer Mächte vorliegt. Dieses Indiz ist ebensowenig schlüssig wie das Vorhandensein paranormaler Fähigkeiten.

Nun hört man manchmal das Argument, maßgebend sei die *Kombination der beiden Phänomengruppen*. So sagt z. B. Corrado Balducci: „Es ist den Psychiatern wohlbekannt, daß der Geisteskranke als solcher keine parapsychologischen Kräfte besitzt . . . Die Parapsychologen behaupten ihrerseits, daß die paranormalen Manifestationen nicht mit den pathologischen Zuständen der Psychiatrie zusammenhängen und keineswegs dadurch bedingt sind"[75].

Diese Behauptung ist jedoch in dieser allgemeinen Form nicht richtig. Es gilt im Gegenteil: „. . . innerhalb der psychopathologischen Forschung wurden in Fällen von Persönlichkeitsspaltung parapsychische Fähigkeiten festgestellt . . . Von renommierten Psychologen und Parapsychologen wurde wiederholt darauf hingewiesen, daß gerade die Dissoziation der menschlichen Psyche in besonderem Maße parapsychologische Fähigkeiten freisetzt"[76]. Wir sind ja bereits auf diesen Zusammenhang bei der Erörterung der mediumistischen Psychose gestoßen[77], die übrigens sogar mit der jetzt zur Debatte stehenden Form der Persönlichkeitsspaltung verwandt sein könnte[78].

Es bleibt noch die Frage: Ist es nicht ein Beweis dafür, daß wirklich Besessenheit vorliegt, *wenn ein Exorzismus hilft*? Ein Exorzismus ist doch eine Dämonenaustreibung. Wird eine solche vorgenommen und ist hernach der Kranke von seinen Zuständen frei, dann spricht doch alles dafür, daß hier wirklich Dämonen vertrieben wurden.

Ich meine, daß dieser Schluß nicht stimmt. Solche Zusammenhänge können auch anders interpretiert werden. So mag es z. B. sein, daß ein psychisch belasteter Mensch dadurch, daß er plötzlich im Mittelpunkt der Aufmerksamkeit und Anteilnahme einer ganzen Gruppe und eines Seelsorgers steht, soviel an Zuwendung erfährt, daß dadurch seine abgespaltenen Persönlichkeitsanteile an Kraft verlieren und nach kürzerer oder längerer Zeit durch das Machtwort des Exorzismus zunächst unterdrückt werden. Verbleibt der Betreffende dann in einer für ihn wohltuenden Umgebung, dann kann sich allmählich ein Konsolidierungsprozeß vollziehen, in dem die wiederum verdrängten Triebkräfte vielleicht sogar teilweise in die Gesamtpersönlichkeit integriert werden können. Gerade verdrängte Aggressivität kann teilweise ihre Destruktivität verlieren, wenn ein Mensch sich als angenommen und geliebt erfährt. Zu bedenken ist auch die bis in die Tiefe des Unbewußten hinein wirkende Kraft des Glaubens, zu dem der Exorzist den Kranken unter Umständen inspiriert. Was in diesem Fall hilft, ist nicht der Exorzismus an sich, sondern die gläubige Zuversicht, auf deren Hintergrund er vollzogen wird. Der Kranke wird durch die Gewißheit der Liebe Gottes, die ihm auch bei einem Exorzismus aufgehen kann, von seiner psychischen Not, die er und der Exorzist unrichtigerweise als unmittelbar dämonisch verursacht interpretieren, teilweise oder ganz befreit. Im übrigen verweise ich auf die Ausführungen des fünften Kapitels über die charismatische Heilung.

Es darf freilich nicht übersehen werden, daß ein Exorzismus in vielen Fällen mehr schadet als nützt. Die „Dämonen" können wie gesagt bei dieser Gelegenheit erst „entstehen", indem einem psychisch Kranken die Rolle des Besessenen sozusagen angeboten wird. Er kann auch in ihr bestärkt und fixiert werden. Unter bestimmten verhängnisvollen Umständen kann der psychische Spaltungsprozeß irreversibel werden. Die Gefahr der Ansteckung anderer, die in hysterische Zustände, aber auch in tiefere Spaltungsprozesse hineingeraten können, ist nicht von der Hand zu weisen[79]. Auch wenn es nicht so weit kommt: Menschen, die konkrete Exorzismen als Betroffene oder als Zeugen miterlebt haben, sind oft fanatisch in ihrem Besessenheitsglauben und weisen jedes kritische Argument weit von sich. Ich meine, daß ein solcher blinder Glaube dem Christentum keinen guten Dienst tut und es in die Nähe des Aberglaubens bringt.

Zum Abschluß dieses Unterabschnittes noch ein Zitat von Josef Kardinal Höffner, Köln, worin unsere Ausführungen weitgehend bestätigt erscheinen: „Wenn behauptet wird, es gäbe da oder dort einen Fall von Besessenheit, sind größte Klugheit und höchste Vorsicht geboten. Man wird erfahrene Ärzte und Psychologen hinzuziehen und sich folgende Fragen stellen müssen: Lassen sich die angeblich außergewöhnlichen geistigen und körperlichen Kräfte nicht durch Hysterie oder Tobsucht erklären? Handelt es sich vielleicht um parapsychologische Fähigkeiten: Telepathie, Hellsehen, Zweites Gesicht, Ahnungen oder dergleichen? Spielt das Unterbewußte eine Rolle? Es gibt Zwangszustände und Persönlichkeitsspaltungen, bei denen der Eindruck entstehen kann, der Kranke habe ein ‚zweites Ich'"[80].

e) Deutung von Jesu exorzistischer Tätigkeit

Was eben zur möglichen positiven Auswirkung eines Exorzismus ausgeführt wurde, weist den Überlegungen dieses Unterabschnittes die Richtung.
Wie bereits gesagt[81], hat Jesus wesentliche Züge des zeitgenössischen dämonologischen Denkens übernommen. Er unterschied zwar zwischen Krankheit und Besessenheit, sah aber doch auch hinter den Krankheiten gottfeindliche Mächte als unmittelbare Ursache. Je nach dem Maß, in dem ein Mensch ganz und gar in der Gewalt der Dämonen oder nur von ihren Auswirkungen betroffen war, war für ihn eher der Exorzismus oder die heilende Handauflegung angezeigt. Die Macht Jesu war aber in allen Fällen erstaunlich, sowohl in den Exorzismen als auch in den Heilungen.
Die früher besprochenen evangelischen fundamentalistischen Autoren versuchen, Jesu Verständnis möglichst wörtlich festzuhalten[82]. Ganz gelingt ihnen das freilich auch nicht. Immerhin nehmen sie an, daß es viele natürlich zu erklärende psychische Krankheiten gibt, übersehen aber, daß solche Krankheiten von Jesu Zeitgenossen und auch von ihm selbst durchgehend als Besessenheit interpretiert wurden[83]. Der Begriff einer psychischen Krankheit ist der Bibel fremd. Noch weiter entfernen sich die katholischen Autoren[84] von einem wörtlichen Verständnis der Bibel. Wenn man nämlich die Kriterien des Rituale Romanum anwendet, dann sind nur solche Menschen besessen, die über paranormale Fähigkeiten verfügen. Es ist aber überhaupt nicht zu sehen, daß dies bei allen von Jesus Exorzierten der Fall war.
In diesem Buch wurden Argumente dafür entwickelt, daß die heutigen Kenntnisse der unmittelbaren Ursachen von körperlichen und psychischen Krankheiten, aber auch von eventuell damit verbundenen paranormalen Phänomenen, eine unmittelbar dämonologische Interpretation nicht mehr vertretbar erscheinen lassen. Es besteht kein Grund, normale Krankheitssymptome oder auch solche, die mit paranormalen Fähigkeiten verknüpft sind, dem unmittelbaren Wirken böser Geister zuzuschreiben.

Auf diesem Hintergrund stellt sich auch bei den Exorzismen Jesu die Frage nach einem neuen Verständnis dieser Begebenheiten. Sie können wohl nicht mehr als buchstäbliche Austreibung von die Kranken persönlich beherrschenden Dämonen interpretiert werden, sondern müssen eher als charismatische Heilungen gesehen werden. Als solche sind sie ein Zeichen für das Anbrechen des Reiches Gottes: durch Jesus ist Gott selbst den Menschen nahe gekommen, und dort, wo sie sich öffnen, erfahren sie Befreiung von allem, was sie knechtet und zum Vertrauen auf Gott und zur Liebe zum Nächsten unfähig macht. Daß man zur Zeit Jesu annahm, in den körperlichen und psychischen Zwangszuständen, die die Menschen in bestimmten Krankheiten besonders augenfällig ihrer Freiheit und sogar Eigenpersönlichkeit berauben, seien böse Geister unmittelbar am Werk, ist eine Vorstellung, die heute nicht mehr verbindlich ist. Sie wurde zwar von Jesus sicher geteilt, aber doch eher als eine selbstverständliche Voraussetzung, die als solche nicht zum eigentlichen Glaubensinhalt gehört.

Hier stellt sich nun die Frage, ob man – mit vielen Theologen unserer Zeit – nicht die Annahme der Existenz dämonischer Geister überhaupt als zeitbedingt und heute überholt ansehen muß. Damit stehen wir vor dem Thema des nächsten Abschnittes.

3. Zur Frage nach der Existenz dämonischer Geister

Die Lehre von der Existenz eines personhaft gedachten Teufels sowie persönlicher Dämonen ist kein im strengen Sinn definiertes kirchliches Dogma. Zwar hat das vierte Laterankonzil im Jahr 1215 erklärt: „Der Teufel und die anderen Dämonen wurden zwar von Natur aus von Gott gut geschaffen; sie wurden aber durch ihre eigene Schuld böse"[85]; diese Aussage steht aber nicht in sich. Sie muß von der Absicht des Konzils her verstanden werden, die Irrlehren der Katharer zurückzuweisen. Diese behaupteten nämlich, es gebe neben und gegen Gott ein absolut böses Prinzip, das gleich ewig und gleich mächtig wie Gott sei. Dagegen wollte das Konzil sagen: Ein solches Prinzip existiert nicht. Alles, was an Übel und Bösem vorhanden ist, geht auf das Versagen der geschöpflichen Freiheit zurück. Dies gilt auch von der Bosheit des Teufels und der Dämonen, die man nur als ursprünglich gute und durch eigene Schuld böse gewordene Geschöpfe Gottes verstehen darf. Die Frage nach der tatsächlichen Existenz des Teufels und der Dämonen war aber damals noch gar nicht zum Problem geworden. Daß es sie gibt, hielt man für selbstverständlich. Man darf aber nur das als definiertes Dogma verstehen, worüber man sich auf einem Konzil ausdrücklich Gedanken macht und was man daraufhin in einem bestimmten, eindeutigen Sinn entscheiden will, nicht aber das, was man selbstverständlich und unproblematisch voraussetzt. Somit ist festzustellen: Das vierte Laterankonzil hat strenggenommen nur definiert: Es gibt kein absolut böses Prinzip, das Gott ebenbürtig gegenübersteht, denn auch der Teufel und die Dämonen sind, *wenn sie existieren,* nur als aus eigener Schuld böse gewordene Geschöpfe, die von Gott ursprünglich und eigentlich zum Guten berufen waren, aber von ihm abgefallen sind, aufzufassen.

Damit ist freilich noch nicht gesagt, daß die Existenz persönlicher böser Geister nicht doch zum verpflichtenden Glauben gehören könnte. Nicht alles, was glaubensverbindlich ist, ist in strenger Weise als Dogma definiert. Das, was die Heilige Schrift und die Tradition bezeugten, geht ja dem kirchlichen Dogma voraus: die Kirche kann und darf ja nichts anderes dogmatisch lehren als das, was in den Quellen der Offenbarung vorgegeben ist. Hier ist aber von der Existenz des Teufels und der Dämonen oft die Rede, nicht nur im Zusammenhang der Besessenheit, sondern in einem viel weiteren Horizont: nicht nur Jesus selbst, sondern alle Schichten des Neuen Testamentes sind mehr oder weniger deutlich davon überzeugt, daß es der Mensch mit irgendwie personhaften Mächten zu tun habe, die nicht nur den Menschen zum Abfall von Gott bringen und ihm in jeder Weise schaden wollen, sondern den ganzen Kosmos mit ihrem widergöttlichen Einfluß erfüllen[86]: „Denn wir haben nicht gegen Menschen aus Fleisch und Blut zu kämpfen, sondern gegen die Fürsten und Gewalten, gegen die Beherrscher dieser finsteren Welt, gegen die bösen Geister des himmlischen Bereichs" (Eph 6,12). Es ist die Frage, ob die Annahme der Existenz dieser personhaften widergöttlichen Mächte ganz und gar zeitbedingt ist, oder ob sich in ihr nicht eine unaufgebbare christliche Einsicht in den Zustand und die Struktur der Schöpfung verbirgt.

Auf den ersten Blick spricht nun freilich einiges dagegen, die Annahme der Existenz des Teufels und der Dämonen als für zum Glauben gehörig zu halten.

Nach Karl Rahner, auf den sich das Folgende in freiem Anschluß stützt[87], offenbarte Gott ja nicht dieses oder jenes, was es in seiner Schöpfung geben mag. Die göttliche Offenbarung ist keine Information über das Endliche, Geschöpfliche; in ihr geht es vielmehr um das persönliche Zugehen Gottes auf die Menschen, um den Ratschluß Gottes, sie von Sünde und Schuld zu erlösen und hineinzunehmen in sein innerstes Leben. Offenbarung Gottes ist Selbstöffnung, Selbstmitteilung Gottes. Sicher fällt von der göttlichen Offenbarung auch ein neues Licht auf den Sinn des Endlichen, auf die Bestimmung des Menschen und von allem, was Gott geschaffen hat: nicht nur der Mensch soll teilhaben am göttlichen Leben, sondern es soll auch alles, was existiert, hineingenommen werden in die Gemeinschaft zwischen Gott und Mensch. Damit ist aber keine Auskunft darüber verbunden, welche Wesen es nun im einzelnen in der Schöpfung geben mag.

Damit ist auch die Frage nach der Existenz von bösen Geistern – übrigens auch von guten, von Engeln – der menschlichen Erfahrung und Erkenntnis überantwortet. Nur wenn sich solche Wesen irgendwie erkennen lassen – gleichgültig, mit welchen Methoden menschlicher Erkenntnis, wenn sie nur seriös sind –, dann kann sie der Theologe auch im Licht des Glaubens deuten. Für Jesus und seine Zeitgenossen war die Besessenheit sicher eine solche Erfahrungsmöglichkeit. Hier scheint ja auf den ersten Blick kein Zweifel darüber möglich, daß sich die bösen Geister unmittelbar als Personen zeigen. Die oben entwickelte Deutung der Besessenheit sieht hingegen in dem Phänomen – gegen den unmittelbaren Augenschein – eine Zusammenballung destruktiver Kräfte der menschlichen Psyche, und zwar nicht nur eines einzelnen Menschen, sondern es ist die psychische Dynamik einer ganzen Gruppe wirksam. So kann man aber nicht mehr so ohne weiteres sagen, hier „offenbare" sich ein Dämon oder der Satan. Ich glaube aber dennoch, daß sich bei der Besessenheit – ebenso freilich und vielleicht sogar noch mehr bei anderen Gelegenheiten – zeigt, daß es in der Schöpfung personhafte böse Geister gibt und daß sie mit furchtbarer Macht am Werk sind. In diesem grundsätzlichen Punkt scheint mir das Zeugnis Jesu und des Neuen Testamentes nach wie vor maßgebend. Im folgenden soll diese These begründet werden[88].

Wir gehen davon aus, daß es in der Schöpfung viele Übel gibt, die über die Übel hinausgehen, die mit der Endlichkeit der Geschöpfe notwendig verbunden sind. Sicher gibt es z. B. ohne Aggression keine Lebensentfaltung, ist Leben unvermeidlich mit Destruktion von anderem Leben verbunden: die meisten Lebewesen müssen, um leben zu können, andere Lebewesen zerstören. Die Form, in der dies in der gegenwärtigen Naturordnung geschieht, scheint mir aber über das Notwendige weit hinauszugehen, ohne daß hier freilich ein fester Maßstab für die Beurteilung gefunden werden könnte. Jedenfalls weist die Naturordnung Abläufe und Verhaltensweisen der Lebewesen auf, die von sinnloser Grausamkeit und atemberaubendem Sadismus gekennzeichnet sind. Man kann manche von ihnen wohl kaum mit dem Darwinschen Gesetz der Selektion als überlebensnotwendig begründen. Außerdem stellt sich die Frage, ob nicht schon in diesem Gesetz sinnlose Grausamkeit objektiviert ist. Man könnte sich eine andere, „friedlichere" Art der Evolution vorstellen, in der nicht der „Krieg" der Vater aller Dinge ist, sondern etwas wie eine Vorform der Sympathie. Auch auf den Schmerz sei hingewiesen. Erweist er sich nicht oft – über seine Signalfunktion hinaus – als sinnlose Qual? Die so bewundernswerte Naturordnung, die uns auf die Weisheit und Allmacht des Schöpfers verweist, birgt viel Ungebändigtes, Chaotisches. Darin liegt ja wohl auch ein Grund dafür, daß man heute in der philosophischen Deutung der Evolution nur Zufall und Notwendigkeit, nicht aber den Plan eines persönlichen Schöpfers erkennen zu können meint.

Im Reich des Menschlichen kehrt das Gesagte in analoger Form wieder. Der Mensch ist zwar eine staunenswerte Einheit von Natur und Geist, er muß aber von seiner naturalen Dimension her Dissonanzen erleiden, die ihn zutiefst erschüttern, er erlebt in sich die Natur nicht nur als weise geordnet, sondern auch als Quelle exzessiver Triebhaftigkeit und dumpfer Qual. Was seinen Geist betrifft, so erfährt er sich in einer Weise versucht und unwiderstehlich zur Bosheit getrieben, daß sich hier nochmals ein Moment besonderer Sinnlosigkeit auftut. Denn auch hier gilt: Mit geschöpflicher Freiheit ist Versuchbarkeit und mögliches Bösesein unausweichlich verbunden; das, was der Mensch erfährt, ist aber mehr: es ist etwas wie eine Organisation der Versuchung zum Bösen.

Es gibt auf der Welt nicht nur Übel und Versuchung, sondern es gibt sie im Übermaß: Übel, die mehr zu sein scheinen als der Preis der Endlichkeit; Versuchung, die wohl über das ungeordnete Angezogensein von geschöpflichen Dingen und die ungeordnete Faszination von sich selbst, wie sie jeder endlichen Freiheit widerfahren können, hinausgeht[89].

Wie steht nun diese Erfahrung von solchen Momenten der Sinnlosigkeit zu dem Gottesbild, das uns Jesus nahegebracht hat, zum christlichen Gott der Allmacht und Güte? Ist es möglich, daß Gott diese Sinnlosigkeit positiv gewollt hat?

Mir scheint eine bejahende Antwort auf diese Frage unmöglich. Mit Hilfe von Karl Rahners Konzeption über das Wesen und die Funktion der Engel läßt sich vielleicht ein Stück weit verständlich machen, wie solche Momente der Sinnlosigkeit in der Schöpfung mit der Weisheit und Güte des Schöpfers vereinbar sein können, obwohl diese Anwendung der Theorie vielleicht nicht ganz im Sinn ihres Autors ist. Faßt man die Engel als subjektive geistige Potenzen, die in ihrer Geistigkeit auf Materie bezogen sind – wenn auch in einer anderen Form als wir Menschen –, dann haben sie im Kosmos eine Funktion. Man könnte diese Funktion mit der des Menschen in der Welt vergleichen: wie der Mensch berufen ist, die Welt zu gestalten und sich in ihr zu verwirklichen, so wären die Engel dazu berufen, sich als kosmische Potenzen in der Gestaltung des Kosmos zu entfalten. Ihre Funktion wäre als weiter- und tiefergehend als die des Menschen aufzufassen. Unter dieser Voraussetzung wären dann die chaotischen und sinnlosen Momente in der Schöpfung als Objektivierung von widergöttlichen Einstellungen zu verstehen, zu denen sich ein Teil der Engel entschieden hätte. Es würde sich freilich nicht nur ein punktuelles Eingreifen dieser aus eigener Entscheidung böse gewordenen Geister handeln, sondern vielmehr um ein objektiviertes Moment der Störung, das durch sie bleibend in die Natur, zu deren Gestaltung sie ja berufen sind, eingestiftet wäre. Da wir Menschen natürliche Abläufe nur so beobachten können, wie sie in der Realität beschaffen sind, und sie daher immer nur samt solchen destruktiven Momenten auffassen, können wir natürlich nicht sagen, wie die Dinge ohne solche Störungen aussehen würden.

Man darf freilich in keiner Weise ausschließen, daß die bösen Mächte die von ihnen korrumpierte Natur auch aktuell beeinflussen können, und zwar im Sinn der stets neuen Entfesselung des von ihnen organisierten Potentials an destruktiven Kräften.

In dieser Theorie finden die Übel im Übermaß und die vom Menschen gemachte Erfahrung geradezu unwiderstehlicher Versuchtheit eine ähnliche Erklärung wie jene Übel in der Welt, die aus der Bosheit des Menschen kommen und die Welt bleibend prägen, wie etwa ungerechte Sozialstrukturen oder das Arsenal von Vernichtungswaffen, das die Menschheit bedroht. Die kosmischen und menschlichen Übel entspringen geschöpflicher Freiheit, die für Gott einen solchen Wert darstellt, daß er um ihretwillen auch die Übel duldet. Weil Gott die freie Liebesantwort seiner freien Geschöpfe – Engel und Menschen – will, darum hat er in seiner Schöpfung auch die verheerenden Folgen gleichsam riskiert, die sich daraus ergeben, daß die freien Geschöpfe diese Antwort verweigern und ihr Wesen in einer widergöttlichen Haltung verwirklichen und objektivieren. Gott bleibt seiner Schöpfung immer in Liebe zugewandt: er ist solidarisch mit den Menschen, die an Übeln leiden, die letztlich immer aus Bosheit kommen, freilich oft nicht aus der eigenen Bosheit derer, die leiden, sondern aus der anderer Menschen bzw. der gefallenen Engel, der Dämonen; er will jene Menschen, die Böses tun, von neuem gewinnen. In diesem Zusammenhang sei darauf hingewiesen, daß es Theologen gab, die die Frage stellten, ob über das endgültige Schicksal der dämonischen Geister bereits das letzte Wort gesprochen sei.

Auch in der Besessenheit wird eine Störung der Schöpfungsordnung sichtbar, eine Störung, die letztlich dämonischen Ursprungs ist, auch wenn wir sie heute mit Recht als Krankheit sehen. An der dämonischen Infektion der ganzen Schöpfung liegt es, daß es solche Zustände überhaupt gibt. Es ist auch nicht auszuschließen, daß der Einzelfall durch dämonisches Wirken (mit-)ausgelöst wird, ohne daß wir konkret angeben können, warum und wie das geschieht. Es ist aber nicht so, daß der Dämon direkt vom Menschen Besitz ergreifen oder gar in ihm „wohnen" würde, um aus ihm zu sprechen oder in ihm zu toben. Diese Phänomene sind mit hoher Wahrscheinlichkeit psychische Abläufe und Mechanismen, eventuell ergänzt durch paranormale Fähigkeiten. Hier haben wir es nicht mit einem bösen Geist „persönlich" zu tun, sondern mit der total desintegrierten Psyche eines Menschen, der zerrissen wird von der Gewalt seiner inneren Konflikte und den auf ihn einstürmenden Einflüssen seiner religiösen Umwelt mit einem oft fanatischen Dämonenglauben. Aus diesem Grund scheint mir eine Auge-in-Auge-Konfrontation mit dem Dämon nicht angezeigt[90]. An die Stelle eines direkten Kampfes gegen die Dämonen tritt die Bekämpfung der psychischen Störungen, soweit sie uns mit den uns zur Verfügung stehenden Mitteln möglich ist. Die im fünften Kapitel zu besprechende, oft in „charismatischer" Weise heilende Kraft des Glaubens ist auch in der hier vertretenen Sicht die unverzichtbare Basis aller seelsorglichen Bemühungen.

Wenden wir uns nochmals dem Okkultismus zu, und zwar seiner extremsten Form, dem *Satanismus*. Menschen in solchen Gruppen werden besonders intensiv mit dem versucherischen Charakter der Wirklichkeit – und also mit den von den Dämonen gelegten Bahnen in ihr – konfrontiert. Sie erleben ein faszinierendes

Ineinander von enthemmter Triebhaftigkeit und schrankenloser Selbstmächtigkeit, das Ganze unter Umständen verstärkt durch magisch verstandene und in magischer Haltung bestätigte paranormale Kräfte. Ähnlich wie bei der Besessenheit ballen sich die Folgen der hintergründigen Präsenz der dämonischen Mächte in der Schöpfung hier sehr intensiv zusammen, ja, man muß wohl sagen, hier sei die Gegenwart des Bösen noch dichter, weil sich die betroffenen Menschen ihm ja ganz bewußt „verschreiben". Trotzdem sollte man das Augenmaß nicht verlieren und bedenken, daß die dämonischen Mächte auch hinter Formen des Bösen stehen, die gar nichts Paranormales an sich haben, wie z. B. totalitäre Systeme, Vernichtungskriege, ausbeuterische Wirtschaftsstrukturen, Religionsverfolgungen, und daß sie auch in diesen „normalen" Erscheinungsweisen nicht weniger „satanisch" wirken als im Satanismus.

Zusammenfassend sei gesagt:

Chaos und Sinnlosigkeit, die sich in der Schöpfung – unabhängig vom Menschen und vor ihm – vorfinden, können nicht unmittelbar von Gott kommen. In Anschluß an Jesus wurden sie in den vorausgehenden Überlegungen in widergöttlicher („satanischer") Freiheit begründet: dies scheint mir eine christliche Grundwahrheit. Mit wie ich meine guten Gründen sehe ich aber diese satanische Freiheit auch in der Besessenheit nicht als direkt greifbar, sondern als hintergründig. Wir wissen über diese Freiheit nichts Näheres; ihre Sphäre ist unserer unmittelbaren Erfahrung zumindest bislang und wahrscheinlich für immer praktisch entzogen. Die christliche Grundwahrheit stellt sich also heute in etwas anderer Form dar als zur Zeit Jesu. Eine solche Wandlung des Verständnisses einer Glaubenswahrheit ist aber nichts Ungewöhnliches. Man denke nur daran, wie sehr sich etwa das Verständnis von Schöpfung gewandelt hat: von der mehr oder weniger wörtlichen Auslegung des Sechstageberichtes in Gen 1 zu den heutigen Versuchen, Schöpfung und Evolution zusammenzudenken.

4. Resümee und praktische Konsequenzen

Die Erörterungen dieses Kapitels lassen sich in folgende vier Thesen zusammenfassen, von denen die beiden ersten theologischer und die beiden letzten psychologisch-parapsychologischer Natur sind:

- Von der in Jesus Christus ergangenen Offenbarung des Gottes der Weisheit und Güte her ist es – in Einklang mit dem Zeugnis der christlichen Tradition – naheliegend oder – wie ich persönlich glaube – sogar innerlich notwendig, die Momente des Chaos, der Unordnung und der Sinnlosigkeit, die in der Schöpfung vorfindbar sind, als In-Erscheinung-Treten von übermenschlicher geschöpflicher Sünde zu deuten. Die christliche Tradition spricht deshalb mit Recht von personhaften widergöttlichen dämonischen Mächten.
- In Einklang mit den in den beiden folgenden Thesen formulierten Erkenntnissen der Wissenschaft muß die Theologie freilich einräumen, daß diese bösen Mächte nicht so direkt greifbar sind, wie die christliche Tradition bis in jüngste Zeit annahm.
- Die bei „Besessenheit" auftretenden Phänomene scheinen mehr und mehr psychologisch-psychiatrisch (multiple Persönlichkeit) sowie parapsychologisch (ASW, PK) erklärbar zu sein und eignen sich nicht als Beweis für eine unmittelbare dämonische Wirksamkeit.
- Auch die bei okkulten Praktiken bisweilen geschehenden außergewöhnlichen Vorgänge sind grundsätzlich parapsychologisch erklärbar, und deswegen fällt auch dieses Indiz für das direkte Eingreifen von Dämonen weg.

Für das christliche Leben ergibt sich daraus eine Konsequenz, die von sehr vielen Christen längst gezogen wurde, auch von vielen von denen, die im Einklang mit der hier vertretenen Position und der christlichen Überlieferung an der Überzeugung, daß böse Geister existieren, festhalten: Wir Menschen haben im praktischen Leben mit diesen bösen Mächten weniger von Angesicht zu Angesicht zu tun; sie bleiben hinter der von ihnen verursachten Verunstaltung der Schöpfung und ihrem destruktiven Treiben verborgen. Ihr Einfluß kann freilich so immens sein, daß er uns den Blick auf Gott verstellt: Chaos und Übermaß an Leid können uns an Gottes Güte irremachen; die Intensität der von den Wirklichkeiten der Schöpfung ausgehenden Versuchungen können uns von Gott abwenden. In der vom Bösen gezeichneten Schöpfung können wir nur bestehen kraft der in uns wirkenden Hilfe des Gottesgeistes, der in uns das Vertrauen auf die in Jesus offenbar gewordene befreiende Liebe Gottes lebendig erhält. Das christliche Leben ist in dieser Sicht vor allem ein Feststehen im Vertrauen auf Gott: nur so können wir uns allen letztlich und hintergründig von Mächten des Bösen ausgehenden Wirkungen gegenüber behaupten. Es ist aber nicht der Kampf gegen diese bösen Geister persönlich. Sie sind uns aufgrund ihrer Hintergründigkeit nicht erfahrbar, und zwar gerade auch dort nicht, wo man sie bisher direkt am Werk sah: bei der Besessenheit und bei manchen okkulten Praktiken.

Unser Wissen im Bereich dieser Grenzphänomene ist freilich sehr beschränkt. Man darf nicht übersehen, daß die psychologischen und vor allem die parapsychologischen Hypothesen und Theorien, auf die sich unsere Überlegungen stützen, keineswegs von der nötigen Geschlossenheit und Abgesichertheit sind, die man sich wünschen würde. Die Annahme, man könne es bei der Besessenheit doch mit Dämonen persönlich zu tun haben – vielleicht in Einzelfällen –, ist durch die nunmehr abgeschlossenen Ausführungen zu diesem Punkt nicht endgültig widerlegt. Die Frage ist aber auch vom Glauben her nicht definitiv entscheidbar, da uns der Glaube meiner Meinung nach nur sagt, *daß* es die satanische Freiheit übermenschlicher Wesen gibt und *daß* sie im Kosmos wirksam ist, nicht aber, *wie* sie wirkt. Es besteht keine dogmatische Notwendigkeit, eine ganz bestimmte Sicht der Besessenheit zu verteidigen. Für die hier vertretene Auffassung sprechen zahlreiche Beobachtungen und darauf bauende wissenschaftliche Theorien. Es ist zu hoffen, daß weitere Forschung eine noch tiefere Klärung der hier behandelten Phänomene bringen wird. Es ist auch zu hoffen, daß sich der Glaube der Christen immer wieder neu besinnt auf seine befreiende Kraft.

4. KAPITEL

Okkulte Kontakte mit Verstorbenen

1. Positive Indizien?

Im zweiten Kapitel wurde bereits gezeigt, daß manches von dem, was bei spiritistischen Sitzungen vorkommt, zwar den Anschein erweckt, man habe es dabei mit Kundgaben Verstorbener zu tun, daß man aber so gut wie sicher die Vorgänge anders deuten muß: psychologische und parapsychologische Erwägungen erweisen, daß es sich hier um Inhalte aus dem Unbewußten des Mediums oder anderer Sitzungsteilnehmer handelt, wobei im zweiten Fall paranormale Kommunikation vorliegt[1]. Der Parapsychologe Wilhelm Peter Mulacz zeigt auf, daß auch bei Erscheinungen, die so stark aus dem Rahmen des Normalen fallen, daß sie sogar bei spiritistischen Sitzungen selten sind, die Annahme des Wirkens von Geistern nicht unbedingt notwendig ist. Hier ist ebenso eine animistische Deutung möglich wie z. B. auch beim ortsgebundenen Spuk[2]. Im ersten Kapitel wurde das bereits kurz angedeutet. Hier soll es noch etwas näher erläutert werden.

Es kann vorkommen, daß bei einer spiritistischen Sitzung die „Verstorbenen" leibhaftig aufzutreten scheinen, entweder als vollständige Gestalten oder in der Form, daß einige Körperteile, z. B. das Angesicht, sichtbar werden. Selbst das ist kein schlüssiger Beweis für ihre Anwesenheit. Von der Parapsychologie sind nämlich Erscheinungen beobachtet worden, die von medial begabten Menschen produziert werden und hier als Erklärungsmuster dienen können: es handelt sich um die sogenannten *Materialisationen*[3]. Aus dem Medium scheint eine Substanz auszutreten, oft als weißgraues, schleierartiges Gebilde. Man nennt sie *Tele-* oder *Ektoplasma;* ihre nähere Beschaffenheit liegt freilich im Dunkeln. Dieses Ektoplasma kann vom Unbewußten des Mediums zu Gestalten geformt werden. Unter Voraussetzung dieser Möglichkeit ergibt sich für unseren Fall die Annahme, daß auf solche Weise bei spiritistischen Sitzungen auch die genannten

Phantome von Verstorbenen entstehen. Die Vorstellungsbilder, die dem Medium bei der Formung des Ektoplasmas unbewußt vorschweben und ermöglichen, daß das Ektoplasma die Gestalt und die Züge eines den Teilnehmern an der Sitzung bekannten Verstorbenen annimmt, können dabei auf dem Weg von ASW erworben worden sein: etwa durch telepathischen Kontakt mit den Sitzungsteilnehmern, die den Verstorbenen gekannt haben. Bereits erwähnt wurde auch die sogenannte *Tonbandstimmenforschung,* die auf Friedrich Jürgenson zurückgeht[4]. Dieser hatte als erster im Jahr 1959 durch Zufall entdeckt, daß bei Tonbandaufnahmen, die er machte, auf dem Band unerklärliche Stimmen zu hören waren, die ihn anzusprechen und ihm Mitteilungen machen zu wollen schienen. Seither werden von immer mehr Menschen mittels Tonbandgerät regelrechte spiritistische Sitzungen veranstaltet, um Verstorbenen zu begegnen. Das kann so vor sich gehen:

„Einige Personen sitzen um einen Tisch und unterhalten sich; auf dem Tisch steht ein Mikrofon, das an ein Tonbandgerät angeschlossen ist. Man führt eine Unterhaltung in ruhigem, langsamem Ton und mit vielen kurzen Pausen. Dabei kann man direkte Fragen an die vermeintlichen Geister stellen. In den Gesprächspausen sind dann auf dem Band fremde Stimmen zu hören. Sie begleiten die Unterhaltung mit Kommentaren und antworten auf die Fragen." Bei einer solchen Sitzung rief ein katholischer Bischof „einen verstorbenen russischen Freund namens Stefan und bat ihn, russisch zu sprechen. Man hörte eine Stimme, die erst deutsch und dann russisch sprach: . . . ‚Hier ist Stefan. Koste (Kosename) glaubt uns nicht. Es ist sehr schwer. Wir werden Petrus lehren'"[5].

Die Teilnehmer an dieser Sitzung waren offenbar der Meinung, hier habe sich der russische Freund des Bischofs aus dem Jenseits „gemeldet".

Hans Bender hat einige Experimente mit Jürgenson durchgeführt. Er kam dabei zu folgendem Schluß: „Alles spricht . . . in diesem Fall und in anderen für eine animistische Deutung: Unsere Untersuchungsergebnisse weisen darauf hin, daß Jürgenson der unbewußte Erzeuger dieser Stimmen ist; gleich wie der Amerikaner Ted Serios seine Vorstellungen in einer physikalisch unerklärten Weise ‚psychokinetisch' auf Film projiziert, scheint

Jürgenson unbewußte Gedanken auf Tonband zu bringen." Sein Gedächtnis hat die Stimmen, die gehört wurden, gespeichert. „Wie man im Traum einen Verstorbenen sprechen hören kann, scheint Jürgenson einen solchen ‚Traum' exteriorisiert, nach außen verlegt und psychokinetisch das Magnetband beeinflußt zu haben"[6].
Die Möglichkeit der Kommunikation mit Verstorbenen auf diesem Weg ist also von der Parapsychologie her gesehen eher unwahrscheinlich.
Auch die Phänomene, die beim ortsgebundenen Spuk auftreten – Geräusche, wie schwere Schritte, Seufzen, Geldzählen; Bewegungen von Gegenständen, z. B. Türenschlagen; Erscheinen von Phantomen –, können parapsychologisch erklärt werden, wie bereits erwähnt wurde. Freilich ist zuzugeben, daß sich bei manchen dieser Dinge auch die Parapsychologie schwer tut und ihre Hypothesen hier eher kompliziert oder gar unwahrscheinlich anmuten. Ich erinnere an Hans Benders Beschreibung der Phantome: „etwas, das wie Materie ausgedehnt ist und zugleich dem Seelisch-Geistigen ähnelt durch die Tatsache, daß es Spuren früherer Erfahrungen gespeichert hat"[7]. Wilhelm Mantler geht in der Erklärung noch einige Schritte weiter. Er geht aus von der Möglichkeit der *Exkursion,* die sich bei sensitiven Menschen ereignet: „Während ihr normaler Leib etwa im Schlaf versunken erscheint, wandert aus ihnen eine Komponente der Persönlichkeit aus, baut an anderen Orten eine Art Feinleib auf, der manchmal auch anderen sichtbar wird. Diese Fähigkeit finden wir bei Menschen mit großer Aszese und Offenheit, bei Training mit Yoga und Fasten oder bei körperlich Geschwächten mit medialer Begabung"[8]. Mantler meint nun[9], daß solche Exkursionen besonders in Todesgefahr, wenn „der Normalleib schon teilweise ausgeschaltet" sei, geschehen würden. Von da her werden die Phantome und die akustischen Erscheinungen des ortsgebundenen Spuks als Reste einer feinstofflichen Leibeshülle verstanden, die ein Sterbender aufgebaut hat und durch seinen schnellen Tod nicht mehr abbauen konnte. „Sie trägt einige Informationen und Aktionskräfte in sich, bleibt am Ort haften und vergeht meist

erst, wenn das Haus, in dem der Betreffende gewohnt hat, abgebrochen wird"[10].

Ich möchte mich nicht für die Details dieser Theorie einsetzen, halte allerdings grundsätzlich eine animistische Erklärung solcher Vorgänge, wie sie Wilhelm Mantler zu geben versucht, für wahrscheinlicher als eine spiritistische, und dies, obwohl die animistische Hypothese gegenüber der einfacheren spiritistischen Annahme, beim ortsgebundenen Spuk „gehe ein Verstorbener um", eher gekünstelt erscheint. Die Forschungen der Parapsychologie lassen es für mich nicht zweifelhaft erscheinen, daß es die paranormalen Kräfte wirklich gibt. Wenn man dies aber einmal annimmt, dann muß man zunächst versuchen, mit dieser Annahme so lange wie möglich zu arbeiten, auch wenn dabei komplexere Hypothesen notwendig werden. Hans Bender beruft sich in diesem Zusammenhang mit Recht auf den wissenschaftlichen Grundsatz: „Prinzipien sollen nicht über das notwendige Maß hinaus erweitert werden"[11]. Der Spiritismus scheint mir aber oft ohne wirkliche Notwendigkeit ein neues Prinzip in die Erklärung paranormale Phänomene einzuführen.

Manchmal hört man das Argument, die spiritistische Erklärung derartiger Phänomene sei ein Gewinn für den christlichen Glauben, weil doch auch in ihm das Leben nach dem Tod eine entscheidende Rolle spiele. Mir scheint das freilich eine fragwürdige Überlegung. Der Christ glaubt zwar in der Tat an ein Leben nach dem Tod, er ist davon überzeugt, daß der Mensch mit dem Tod nicht ins Nichts sinkt, sondern daß sein Leben dazu bestimmt ist, in die Gemeinschaft mit Gott zu münden („Himmel"), ein Ziel, das der Mensch auch verfehlen kann und dann zu ewigem Dunkel und absoluter Absurdität verdammt wäre („Hölle"). Die katholische Tradition lehrt auch die Existenz einer jenseitigen Läuterung („Fegefeuer"). Mit diesen christlichen Vorstellungen haben aber die hier besprochenen auffälligeren Formen des Spiritismus und auch die Erscheinungen des ortsgebundenen Spuks wenig zu tun.

Emil Matthiesen, persönlich nach sorgfältiger Prüfung eines immensen Materials an solchen Daten überzeugter Verfechter der spiritistischen Hypothese, macht bei seinem Versuch, aus den angeblichen Kundgaben Abgeschiedener ein Bild des jenseitigen Lebens zu gewinnen, sich selbst den Einwand: „Ich will ... nicht mit der Feststellung zurückhalten, daß die Berichte sich zuweilen zu einer ‚Phantastik‘ auswachsen, bei der auch dem willigsten Leser der Mut zum Glauben entsinkt"[12]. Die verstorbenen scheinen in einer Seinsweise weiterzuleben, die man als eine phantastische Fortsetzung des gegenwärtigen Lebens bezeichnen muß. Das Leben nach dem Tod ist demnach dem irdischen Leben gegenüber zwar anders, es fehlt ihm aber gerade das absolut Neue, das sich der Christ erwartet: die radikale Bezogenheit auf Gott, der entweder endgültig gewonnen (Himmel) oder endgültig verloren (Hölle) oder das einzige ist, auf das der Mensch mit seiner ganzen Sehnsucht und Hoffnung ausgerichtet ist (Fegefeuer).

Auch die Phänomene, die beim ortsgebundenen Spuk zu beobachten sind, haben wenig Berührungspunkte zu christlichen Vorstellungen. Die christliche Tradition hat im großen und ganzen nie angenommen, daß Verstorbene „umgehen" oder daß sie in sinnlosem Wiederholungszwang stets dieselbe Tätigkeit ausüben. Außerdem gibt es in diesem Bereich Vorkommnisse, die fast noch mehr aus dem Rahmen christlicher Vorstellungen fallen. So beschreibt Bruno Grabinski ausführlich einen Spukfall, bei dem sehr viele paranormale Ereignisse beobachtet wurden und man sich mit den „Geistern" regelrecht unterhalten konnte, und stellt am Schluß fest: Die Aussagen vor allem der weiblichen Geister waren „reichlich trivial. Sie entsprachen insofern eigentlich gar nicht dem Zustand der Läuterung, in dem sie sich dem Anschein nach doch befanden"[13]. Grabinski glaubt also in solchen Fällen an eine Manifestation von Verstorbenen im Fegefeuer, obwohl es, wie er selbst feststellt, kaum danach aussieht.

Der Glaube zwingt uns freilich auch nicht dazu, die spiritistische Hypothese zur Erklärung paranormaler Phänomene absolut auszuschließen. Sie darf allerdings nicht als Glaubenssatz oder als Bestätigung der christlichen Glaubenssätze über das Leben nach dem Tod verstanden werden. Wenn man also wirklich annimmt, bei einem ortsgebundenen Spuk oder bei einer medialen Manifestation zeige sich ein Verstorbener, dann muß man vom christlichen Standpunkt aus sofort hinzufügen, daß dieser Verstorbene nicht nur nicht im Himmel oder in der Hölle, sondern auch nicht im Fegefeuer sein kann. Er befände sich in einem „Zwischenzustand", der noch *vor der Endgültigkeit,* auf die der Mensch zugeht, und auch vor der letzten Läuterung liegen würde. Das hier vorliegende „Jenseits" wäre nicht das endgültige Jenseits, das ja bereits im Fegefeuer beginnt: es wäre ihm gegenüber ein relatives „Jenseits" im Sinn einer uns in diesem Leben nicht zugänglichen Wirklichkeitsdimension, die aber eigentlich eher noch zum Diesseits zu rechnen wäre. So etwas mag es geben – einiges spricht doch recht deutlich dafür –; es ist aber sicher nicht das Leben nach dem Tod, von dem der Glaube spricht.

2. Kontakt mit „Armen Seelen"?

Die katholische Lehre und Pastoral hält im Einklang mit dem Gesagten nichts von okkultistischen Praktiken, die zu Begegnungen mit Verstorbenen führen sollen. Die Teilnahme an spiritistischen Sitzungen wurde mehrmals verboten[14]. Positiver steht man in der Kirche in weiten Kreisen freilich zu Berichten von spontanen Manifestationen von Verstorbenen, die sich im Fegefeuer befinden sollen, die also die bereits erwähnte Läuterung nach dem Tod durchmachen, um dadurch für die Gemeinschaft mit dem lebendigen Gott bereitet zu werden. Wir werden freilich sehen, daß der offizielle Standpunkt der Kirche zu solchen „Arme-Seelen-Erscheinungen" eher restriktiv ist.

Die in diesem Abschnitt zu besprechenden Vorkommnisse sind im Kern innere Erlebnisse. Bestimmte Menschen, zumeist Katholiken, nicht wenige unter ihnen heiligmäßig oder nach ihrem Tod heiliggesprochen, berichten davon, daß sie Verstorbene aus dem Fegefeuer in verschiedener Form zu spüren oder auch sinnlich wahrzunehmen meinen. Es würde ihnen in diesen Visionen vieles über das individuelle Schicksal der Verstorbenen und über die Art und Weise der Läuterung geoffenbart, vor allem bekämen sie auch Kunde darüber, wie man einzelnen Verstorbenen die Läuterung durch Gebet und Meßfeier erleichtern oder abkürzen könne.

Wir machen diese Visionen deswegen zu unserem Thema, weil sie oft von paranormalen Phänomenen begleitet sind. Diese stehen zwar nicht so im Vordergrund wie beim ortsgebundenen Spuk, aber manchmal treten einzelne Spukelemente (z. B. Brandspuren) auf. Manchmal offenbaren die Visionäre aus dem Leben der Verstorbenen, die ihnen angeblich erscheinen, Einzelheiten, die ihnen nicht auf normalem Weg zugänglich geworden sein können. Dadurch bekommt das Ganze in den Augen vieler Menschen einen übernatürlichen Charakter, und der Arme-Seelen-Glaube tritt in den Mittelpunkt ihres religiösen Lebens, wodurch die Schwerpunkte des christlichen Glaubens in eine Nebenrolle gedrängt werden können.

a) Die kirchliche Lehre über das Fegefeuer

In unserem Zusammenhang können nur die Grundzüge dieser Lehre dargestellt werden. Sie hat zwar wenig Anhaltspunkte in der Heiligen Schrift und eine eher verwickelte Geschichte in den ersten Jahrhunderten der christlichen Tradition, wurde aber im Mittelalter in ihren Hauptpunkten dogmatisch verbindlich definiert[15]. Sie besagt, daß viele Menschen, die bei ihrem Hinscheiden aus dem Leben im Frieden mit Gott sind, nach dem Tod eine letzte Läuterung und Sühne notwendig haben, da sie trotz ihrer grundsätzlichen Offenheit für Gott noch mit Schuld behaftet sind und für die Sünden ihres irdischen Lebens noch Strafen abbüßen müssen. Diese Läuterung betrifft nicht die ganze leib-geistige Person des Menschen, sondern nur seine „Seele", die geistige – mit Erkenntnis, Wille, Emotionalität begabte – Mitte seines Daseins[16]. Es ist in dieser Sicht vorausgesetzt, daß sich im Tod des Menschen die Seele vom Leib trennt und „allein" weiterexistiert. Deswegen spricht man in der katholischen Tradition von den Verstorbenen in diesem Zustand als von „Seelen"; „arm" werden sie aufgrund ihrer Leiden und ihrer totalen Angewiesenheit auf die göttliche Barmherzigkeit genannt.

Wenn die Seele des Verstorbenen die Läuterung durchgestanden hat, wird sie aufgenommen in die endgültige Lebensgemeinschaft mit dem dreifaltigen Gott, sie kommt in den Himmel. Am Ende der Weltgeschichte, wenn der gesamte Kosmos neugestaltet und ganz und gar von der Herrlichkeit Gottes durchdrungen wird, werden die Seelen auch wieder mit ihren Leibern vereint werden, wobei letztere allerdings in eine neue Seinsweise, in den Zustand der „Verklärung", verwandelt werden. Die am Ende der Geschichte geschehende „Auferstehung der Toten" meint diese Wiederverleiblichung der Seelen, die vom Zeitpunkt des persönlichen Todes bis zur Auferstehung ohne Leiber existiert haben.

Was den Seelen im Fegefeuer widerfährt, ist Strafe und Läuterung: erstere hat die Funktion der gerechten Vergeltung für die Sünden des Erdenlebens, durch sie soll Schuld gesühnt werden; letztere hat heilende Wirkung, durch sie soll im Menschen alle ihm noch anhaftende Verschlossenheit Gott gegenüber aufbrechen, hin zur vollkommenen Liebe.

Die traditionelle Lehre wird heute – bei Wahrung ihres verpflichtenden Gehaltes – von vielen Theologen neu interpretiert. Darauf soll weiter unten noch eingegangen werden. Die im folgenden zu besprechenden Berichte von Arme-Seelen-Visionen scheinen diesen Neuinterpretationen zu widersprechen und sind wohl deswegen für manche Theologen ein Hindernis, sich auf sie einzulassen.

b) Berichte über Arme-Seelen-Visionen

In den Lebensbeschreibungen mancher Heiliger und heiligmäßiger Menschen wird von Kontakten mit Armen Seelen berichtet[17]. Nach diesen Berichten geben sich die Armen Seelen auf verschiedene Weise kund, z. B. im Traum[18], in nächtlichen Visionen[19] oder in visionären Zuständen während des Gebetes[20].

Bei der Seherin Margarete Schäffner (gest. 1949) soll es sich so abgespielt haben: Die Verstorbenen „stellen sich besonders beim Kommunionempfang ein, um Gnadenhilfe zu erflehen ... Das Aussehen der Erscheinungen ist je nachdem dunkler oder lichter, aussätzig und geschwürig oder gesund und frisch. Gewöhnlich nennt ein Sprecher dieser Erscheinungen die Namen und Anliegen auch der anderen. Die zu Lebzeiten Bekannten können auch in der Erscheinung erkannt werden." Jemand suchte durch Probefragen festzustellen, „inwieweit Charakterisierungen von solchen Persönlichkeiten zutreffen", und war erstaunt, „wie scharf und präzis die Bitten um entsprechende Hilfe von Menschen, die sie (Margarete Schäffner, d. Verf.) zu deren Lebzeiten nie gekannt und gesehen hatte, von ihr angegeben wurden"[21].

Zumeist bitten die Erscheinungen um Gebetshilfe zur Sühne für ihre Sünden, die sie manchmal auch angeben, besonders aber darum, daß für sie Messen gefeiert werden, wobei es den auf Papst Gregor I. (gest. 604) zurückgehenden Brauch gibt, an dreißig aufeinanderfolgenden Tagen Messen zu halten, wodurch den Armen Seelen Befreiung aus dem Fegefeuer zuteil würde[22]. Freilich werden oft auch von den Armen Seelen ganz konkrete Zahlen von zur Erlösung notwendigen Messen genannt.

Dies geschieht z. B. bei einer gegenwärtig im süddeutschen Raum sehr bekannten Visionärin, die freilich sehr umstritten ist. Wie ich von Menschen, die diese Frau konsultiert haben, persönlich erfuhr, geht dort der Vorgang so vor sich: Wenn jemand Auskunft über das Schicksal von Verstorbenen haben will, frägt er bei der Seherin zumeist schriftlich an unter Angabe von Name, Geburts- und Todesdatum des Verstorbenen. Nach kürzerer oder längerer Zeit „offenbart" sich dann in vielen Fällen die Seele, indem sie meist in der Nacht zur Seherin „kommt", und gibt z. B. an, es brauche zu ihrer Befreiung zwölf Messen.

Es bedarf wohl keiner Diskussion, daß solche Vorkommnisse ganz und gar unüberprüfbar sind und total subjektiven Ursprungs sein können. Selbst wenn die Visionäre guten Glaubens sind – was vielen zuzubilligen ist –, wenn sie beteuern, daß ihre Erlebnisse von einer unabweisbaren Lebendigkeit und Evidenz seien, ist damit nicht gesagt, daß es sich nicht doch um Halluzinationen handelt, die von unbewußten Schichten der Psyche gesteuert sind. Dies ist sogar die wahrscheinlichste Annahme. Sehr oft werden psychische Störungen mit im Spiel sein, ohne daß deswegen die betreffende Person im ganzen als Psychopath anzusehen sein muß[23].

Für die Echtheit solcher Visionen scheint der immer wieder berichtete Umstand zu sprechen, daß vom Visionär Aussagen über das Leben eines angeblich erschienenen Verstorbenen gemacht werden, die sich als zutreffend erweisen, obwohl der Visionär den Verstorbenen nicht gekannt hat[24]. Abgesehen davon, daß solche Berichte oft schlecht dokumentiert und in ihrer Glaubwürdigkeit schwer überprüfbar sind, kann dieses Phänomen durch ASW verständlich gemacht werden. Wenn der Visionär paranormal (medial) begabt ist, dann vermag er seine Informationen durch Telepathie vom Bewußtsein von Menschen, die den Verstorbenen gekannt haben, zu gewinnen.

Ein Indiz, das oft für die Echtheit von solchen Visionen ins Treffen geführt wird, ist das Phänomen der „eingebrannten Hand". Gemeint sind damit unerklärliche Brandspuren, die auf Geisterhände zurückgeführt werden. Die bereits erwähnte Margarete Schäffner, deren Visionen von ihrer Umgebung, auch von ihren Seelsorgern, mit viel Skepsis und Mißtrauen betrachtet wurden, erbat sich von den Verstorbenen ein Zeichen der Echtheit, und es bildeten sich mehrmals solche Brandspuren. Einmal geschah es in folgender Weise:

Als Margarete Schäffner die Eucharistie empfing, bemerkte der Priester, daß sich auf dem Taschentuch, das sie nach damaliger Sitte beim Kommunionempfang ausgebreitet auf den Händen trug, plötzlich ein dunkler Fleck bildete. Margarete selbst hatte die Augen geschlossen und nichts bemerkt. Nach der Messe bat der Priester, sie möge ihm das Tuch zeigen. Sie tat es, und beide sahen eine eingebrannte Hand. Sofort sagte sich Margarete, dies sei das erbetene Zeichen, durch das Gott bekräftigen würde, daß wirklich Arme Seelen zu ihr kämen[25].

Georg Siegmund meint zu diesem und analogen Fällen, die Anwendung der animistischen Hypothese, nach der die Ursache des Phänomens in den paranormalen Fähigkeiten der Visionärin selbst gelegen sei, komme hier nicht in Frage, diese Hypothese sei „gekünstelt und abwegig"[26], was freilich angesichts der vielen Beobachtungen von PK-Phänomenen durch die Parapsychologie nicht stimmt. Wenn sich unbewußte psychische Inhalte durch Gedankenfotografien und Tonbandstimmen objektivieren können, warum sollte eine solche Objektivation nicht auch in Form von Brandspuren geschehen können? Beim ortsgebundenen

Spuk wurden jedenfalls solche Verbrennungsphänomene beobachtet. Wenn man dazuhält, daß die Visionärin offensichtlich unter großen Spannungen stand und die Erwartung eines Zeichens sehr intensiv war, dann ist eine psychokinetische Entladung dieser Spannungen – paranormale Fähigkeiten vorausgesetzt – nicht so überraschend. Diese Erklärung ist auf alle Fälle wahrscheinlicher als die Annahme, ein *rein geistiges* Wesen – die Arme Seele – würde *leibhaftig* glühen und dadurch die Brandmale verursachen[27].

c) Theologische Anmerkungen

Nicht nur psychologische und parapsychologische Erwägungen mahnen bei der Beurteilung solcher Visionen zur Vorsicht, sondern auch theologische Überlegungen.

1. Die verschiedenen Visionen ergeben ein äußerst *unstimmiges*, ja *widersprüchliches Bild* vom Läuterungsort. Im katholischen Raum gibt es zwar seit der dogmatischen Festlegung der Lehre und ihrer theologischen Systematisierung, die in den Grundzügen auf Thomas von Aquin zurückgeht, eine relativ einheitliche Tradition, in die sich viele Berichte über Visionen organisch einfügen und die von ihnen gestützt wird. Kein Geringerer als der heilige Kirchenlehrer Robert Bellarmin (gest. 1621) sagt übrigens, daß die Berichte über Erscheinungen von Armen Seelen ein Argument für die Existenz des Fegefeuers sind[28]. Von dieser katholischen Sicht weichen Visionsberichte aus dem nichtkatholischen Raum stark ab. Sie sind teilweise gut bezeugt und inhaltlich manchmal recht eindrucksvoll.

In einem vom an solchen Phänomenen sehr interessierten Arzt Justinus Kerner zu Beginn des vorigen Jahrhunderts aufgezeichneten, relativ gut dokumentierten Fall[29], den Bruno Grabinski referiert[30], erschienen einem protestantischen Mädchen zwei Totengeister, von denen der eine zu Lebzeiten eine Nonne, der andere ein Mönch gewesen sein wollte. Sie hatten ein Verhältnis miteinander gehabt, die Nonne brachte die beiden Kinder, die daraus hervorgingen, sofort nach der Geburt um. Die Beziehung dauerte vier Jahre, während derer der Mönch drei andere Mönche ermordete. Da die Nonne diese Verbrechen verriet, tötete er auch sie. Nach der ganzen Darstellung waren die beiden auch nach dem Tod irgendwie aneinandergekettet. So klagte der Geist der Nonne bei seinem ersten Erscheinen: „Noch bin ich mit einem Bösen verbunden, der nicht Gott, sondern dem Teufel dient"[31], während der Geist des Mönches einmal sagte: „Heute abend muß ich zum zweitenmal ins Gericht, und zwar mit jener"[32]. Der Mönch schien teilweise die Züge eines Verdammten zu tragen – Kerner selbst hielt ihn für einen Dämon –; teilweise aber schien ihm noch die Möglichkeit einer Bekehrung offen zu stehen. Die Vorgänge fanden ihr Ende im Zusammenhang mit dem Abbruch eines Hauses, wobei an einer vom Geist des Mönches bezeichneten Stelle Menschenknochen gefunden wurden. Was den Fall außerdem noch auffällig macht, ist die Tatsache, daß das ungebildete und geistig eher beschränkte Mädchen eine konsequente Charakterschilderung der beiden Geister gab und in der ganzen Geschichte viele zutreffende Anspielungen auf das Klosterleben des Mittelalters vorkamen: beides kann sie nicht selbst erfunden haben[33]. Außerdem entstanden im Zug der Visionen in ihrem Taschentuch Brandspuren[34].

Von der katholischen Tradition her gesehen fällt bei diesem Beispiel einiges aus dem Rahmen.
– Untypisch ist zunächst die zwielichtige Gestalt des Mönches, bei dem man nicht weiß, ob er sich im Zustand der Läuterung befindet oder verdammt ist. Für welche der beiden Möglichkeiten immer man sich entscheidet, es entstehen in jedem Fall Widersprüche zur katholischen Lehre und zum Inhalt, den Arme-Seelen-Visionen im katholischen Bereich im allgemeinen haben.
– Nimmt man an, der Mönch sei verdammt, dann widerspricht der katholischen Position, daß er noch Einfluß auf die Nonne hat und sie noch unter ihm leidet: eine derartige Vorstellung ist sowohl der katholischen Lehre als auch in allgemeinen Visionsberichten fremd.
– Nimmt man hingegen an, der Mönch sei im Zustand der Läuterung, dann paßt die Charakteristik seiner Gestalt nicht zu einer anderen katholischen Position, wonach es feststeht, „daß die Seelen im Fegefeuer ihres ewigen Heils schon gewiß sind und nicht mehr sündigen können"[35].

Jene Argumente, mit denen im katholischen Bereich die Echtheit von Visionen verteidigt wird, treffen in unserem Beispiel zu: ein unerklärliches Wissen der Seherin und das Phänomen der

Brandspuren. Trotzdem kann aber die Sicht der Läuterung, die sich aus dieser Geschichte ergibt, und die katholische Sicht nicht zugleich wahr sein. Wir sehen also aus diesem Beispiel, dem zahlreiche andere hinzugefügt werden könnten: Wenn man sich als Theologe auf solche Visionen stützen will, dann gerät man in Schwierigkeiten, da sich aus ihnen kein einheitlicher theologischer Befund ableiten läßt. Geht man aber von vornherein von der katholischen Tradition aus und erklärt das, was dazu nicht paßt, für Täuschung oder dämonischen Trug, dann bedenkt man nicht, daß diese Tradition ja nur in den Grundsätzen glaubensverbindlich ist, keineswegs aber in den Einzelheiten. Es ist z. B. keine verpflichtende Glaubenswahrheit, daß Arme Seelen tatsächlich erscheinen, oder gar, daß das, was Heilige in ihren Visionen geschaut haben, durch göttliche Autorität gedeckt ist.

Die Sache kompliziert sich noch, wenn man bedenkt, daß auch in der katholischen Tradition die Fegefeuerlehre eine lange Entwicklung durchmachte, bis sie sich im Mittelalter stabilisierte. In jedem ihrer Stadien gab es aber Visionäre, deren Visionen mit den gerade gegebenen Vorstellungen übereinstimmten[36].

Die Widersprüche erklären sich am zwanglosesten, wenn man annimmt, daß es sich in den Visionen um subjektive, in der Psyche der Visionäre entstehende Halluzinationen handelt, aus denen keine objektiven, theologisch bedeutsamen Informationen über das Fegefeuer zu gewinnen sind. In manchen Fällen muß man freilich annehmen, daß paranormale Kräfte mit im Spiel sind. Dies gilt auch bei dem von Justinus Kerner referierten Beispiel, das übrigens – seine Historizität vorausgesetzt – parapsychologisch gar nicht so leicht erklärt werden kann. Die Schwierigkeiten sind bei diesem Fall jedenfalls weit größer als bei vielen Beispielen aus dem katholischen Raum. Hier wäre eine minutiöse Durchdringung nötig, die freilich bei einer Geschichte aus so weit zurückliegender Zeit nicht möglich ist.

2. Die *offizielle katholische Lehre* ist gegenüber Berichten von Arme-Seelen-Visionen sehr *zurückhaltend*. Das Konzil von Trient hat folgendes bestimmt: „Es gibt ein Fegefeuer" (das latei-

nische Wort Purgatorium heißt wörtlich übersetzt „das Reinigende") „und die dort festgehaltenen Seelen finden eine Hilfe in den Hilfsmitteln (...) der Gläubigen, vor allem aber in dem Gott wohlgefälligen Opfer des Altares. So ergeht die Vorschrift des Konzils an die Bischöfe: Sie sollen eifrig sorgen, daß die gesunde Lehre vom Fegefeuer, so wie sie von den Kirchenvätern und Konzilien überliefert ist, von den Gläubigen geglaubt, festgehalten, gelehrt und überall gepredigt werde. Keinen Platz aber sollen in den volkstümlichen Predigten vor dem weniger gebildeten Volk schwierige und spitzfindige Fragen haben, die die Erbauung nicht fördern und die Frömmigkeit meist gar nicht vermehren. Gleicherweise sollen sie nicht zulassen, daß dabei Unsicheres oder der Falschheit Verdächtiges verbreitet und behandelt wird. Was aber nur einer Art Neugier oder dem Aberglauben dient oder nach schmählichem Gewinn aussieht, sollen die Bischöfe als für die Gläubigen ärgernis- und anstoßerregend verbieten"[37].

Ist nicht alles, was in Arme-Seelen-Visionen über die verbindliche christliche Lehre hinausgeht, zumindest „unsicher", da von der Offenbarung nicht gedeckt, und – auf dem Hintergrund der Überlegungen dieses Buches – mit großer Wahrscheinlichkeit diesseitigen Ursprungs? Ist nicht manches „der Falschheit verdächtig"? Einige mir besonders verdächtig vorkommende Punkte seien aufgezählt:

– Die genaue Zahl der zur Erlösung einzelner Armer Seelen geforderten Messen – in einem bestimmten Fall waren 107 Kommunionen verlangt[38] – scheint mir ein Mißverständnis des Geheimnisses der Eucharistie zu sein. Die Messe wird hier geradezu zum magischen Zauberritual pervertiert. Natürlich ist es sinnvoll, sich mit den Verstorbenen im Glauben um das Opfer Christi zu vereinen, sich mit ihnen gleichsam unter das Kreuz Jesu zu stellen, das in der Eucharistie vergegenwärtigt wird. Dies ist aber etwas zutiefst Persönliches, eine vom Glauben inspirierte Begegnung zwischen uns, unseren Verstorbenen und dem Herrn, nicht aber eine Leistung, die man durch quantitative Vervielfältigung gewichtiger machen kann.

- In vielen Visionen entsteht ein eher abstoßendes Bild von Gottes Gerechtigkeit. Sie mutet in ihren ethischen Forderungen für dieses Leben kleinlich bis zur Pedanterie und in ihren im Fegefeuer verhängten Strafen geradezu sadistisch an. Im folgenden zwei Beispiele dafür:

Ein verstorbener Priester, der schreckliche Feuerqualen zu erleiden hatte, gab in einer Vision kund, er müsse diese Pein nur dafür erdulden, daß er wegen seiner Arbeitsüberlastung – er war Berater am Kaiserhof – sein Brevier gleich am Morgen zur Gänze betete und sich nicht an die kirchlichen Vorschriften bezüglich der Zeit der einzelnen Horen hielt. Der heilige Petrus Damiani, der uns diese Geschichte überliefert hat, gibt dazu die Mahnung, es müsse uns große Furcht einflößen, wenn wir sähen, daß ein heiliger Mann wegen einer so verhältnismäßig geringen Schuld mit so furchtbaren Feuerstrafen gepeinigt würde[39].

Die Seherin Maria Anna Lindmayr beschreibt, wie ihr eine verstorbene Karmelitin erschien: „Das Angesicht war gerade so, als wäre es durch eine krebsartige Krankheit zerstört worden. Es wurde mir geoffenbart, daß diese Schwester im Leben nicht wenig auf ihre äußere Gestalt gehalten hat." Eine andere, die in ihrem Leben ihre Eitelkeit auf ihr schönes Gesicht nur schwer überwunden hatte, „hatte ein so erbärmliches Aussehen, als hätten Raubvögel ihr Gesicht über und über angefressen"[40].

- Besonders anstößig scheint mir die in vielen Visionen – auch in solchen, die Heilige gehabt haben – geschaute Peinigung der Armen Seelen durch den Teufel.

Die heilige Franziska Romana (gest. 1440) schreibt, daß Seelen, die zu schwerer Buße verurteilt sind, durch ihren Schutzengel in die unteren Regionen des Fegefeuers geleitet würden. Dieser bleibe bei ihnen und stehe ihnen bei. Zugleich aber stelle sich jener böse Geist ein, der ihnen auf Erden im Auftrag des Teufels besonders nachgestellt habe. „Diesen höllischen Geist stets bei sich zu sehen und seine Verhöhnungen anhören zu müssen und wie er nun beständig über sie spottet, daß sie sich so oft von ihm hat überlisten und zu allerlei Sünden verführen lassen, für welche sie nun so bittere Buße tun muß, das ist es, was der armen Seele den Aufenthalt im Fegefeuer ganz besonders peinvoll macht"[41]. Noch drastischer ist eine Vision eines englischen Ordensmannes, die der heilige Dionysius der Kartäuser (gest. 1471) mitteilt: Danach würden die Seelen „von den Teufeln zersägt, zerrissen, zernagt, ins Feuer geworfen usw."[42].

Mit solchen Vorstellungen hatte die systematische Theologie stets Schwierigkeiten. Der Dogmatiker Ferdinand Holböck distanziert sich mit vielen anderen Theologen davon: „Man wird ... die Ansicht als *falsch* ablehnen müssen, die Seelen im Fegefeuer würden durch den Teufel und seinen Anhang (die Dämonen) gepeinigt und gequält"[43]. Sie kommt allerdings in vielen Visionsberichten vor und ist nicht dazu angetan, das Vertrauen auf den theologischen Wert dieser Berichte zu stärken. Was steckt da für ein Gottesbild dahinter, wenn man Gott zutraut, daß er die Verstorbenen ganz bewußt dem destruktiven Wirken des Teufels überantwortet? Würden Menschen solche Strafen verhängen – würden z. B. Eltern ihre Kinder zur Strafe für irgendwelche Vergehen dem Spott oder der gewalttätigen Roheit ihrer Geschwister aussetzen –, dann würde man sie mit Recht sadistisch nennen.
Problematisch scheint mir aber auch die Anschauung, daß die Fegefeuerstrafe auch darin bestehen könne, daß die Verstorbenen durch Engel qualvollen Leiden ausgesetzt würden.

Dies geschieht nach der heiligen Franziska Romana in der mittleren Region des Fegefeuers. Diese zerfällt in drei Zonen. „Die erste ist wie ein großer, mit Eiswasser gefüllter Teich; die zweite ist wie ein mit flüssigem Pech und siedendem Öl gefüllter Teich; die dritte ist wie ein Teich, in welchem eine Gischt brodelt, die aussieht wie eine Mischung aus geschmolzenem Gold und Silber. 36 Engel sind von Gott bestellt, die Seelen abwechselnd in diese drei Teiche hineinzutauchen; sie tun es mit größter Gewissenhaftigkeit, aber auch mit Ehrfurcht und Liebe gegen die armen Seelen, mit denen sie allergrößtes Mitleid haben" [44].

Solche teilweise ins Krankhafte gehende Bilder haben doch wohl eher in Phantasien der Psyche der Visionäre und Visionärinnen ihre Wurzel als in objektiven Gegebenheiten der letzten Läuterung des Menschen auf dem Weg zu Gott[45].
– Die auf solche Visionen gestützte Frömmigkeit führt oft zu Glaubensformen, die nicht vom Evangelium gedeckt sind. Es gilt hier das, was in diesem Buch schon öfters dem Okkultismus vorgeworfen wurde. Wer seine existentielle Grundausrichtung zu sehr auf okkulte Praktiken aufbaut, landet bei ei-

ner Ersatzreligion. Als Ersatzreligion muß aber auch eine einseitige Arme-Seelen-Frömmigkeit bezeichnet werden. In ihr steht nicht mehr Botschaft, Leben, Tod und Auferstehung Jesu Christi als Offenbarung der göttlichen Liebe zur Menschheit im Mittelpunkt, sondern die Visionen, die diese oder jene „begnadete" Person gehabt haben soll. Die Botschaft solcher Visionen ist oft eng und extrem – heute z. B. Kritik an der Handkommunion und an der konziliaren Erneuerung insgesamt; zumeist aber apokalyptische Erwartungen – und wird von den Anhängern sehr oft mit fanatischem Eifer und großer Unduldsamkeit propagiert.

3. Der eigentliche Sinn des kirchlichen Glaubens an die Läuterung nach dem Tod[46] ist von solchen Phänomenen unabhängig. Im folgenden will ich noch eine knappe Interpretation der dogmatisch verbindlichen Lehre der Kirche geben.
Die tiefste Entscheidung, die jeder Mensch zu treffen hat und in der der Sinn seines Lebens auf dem Spiel steht, fällt angesichts der Offenbarung Gottes in Jesus Christus: der Mensch ist dazu gerufen, sich der Liebe Gottes zu öffnen und ihr zu antworten. Die Antwort besteht in einem Leben, das getragen und geprägt ist vom Vertrauen auf Gott und der Hingabe an ihn sowie von der liebenden Solidarität mit allen Menschen. Viele treffen zwar grundsätzlich diese positive Entscheidung, sie setzt sich aber im Lauf des Lebens nicht siegreich in allen Schichten der Person durch: diese Menschen – und zu ihnen gehören wir wohl alle – bleiben zum Teil im Mißtrauen und in der Auflehnung gegen Gott sowie in mannigfachen egoistischen Haltungen gegenüber den anderen verhaftet. Die Läuterung, das „Fegefeuer", ist nun die Möglichkeit, daß diese verbleibenden Elemente mangelnder Liebe und Hingabe beseitigt, „ausgebrannt", werden. Es handelt sich dabei nicht so sehr um eine isolierte Vergeltungsstrafe für einzelne Übertretungen, wobei die Liebe Gottes zugunsten seiner strafenden Gerechtigkeit in den Hintergrund treten würde, sondern es ist die dem Menschen vom liebenden Gott gerechterweise zugemutete Möglichkeit, seine Halbheiten und Inkonse-

quenzen, von denen sein irdisches Leben bis zum Tod verdunkelt war, auszumerzen.

Es ist die Frage, ob wir mit der Tradition annehmen sollen, daß diese Läuterung dadurch geschieht, daß Gott sich den Verstorbenen aktiv vorbehält, oder nicht doch eher so, daß die Verstorbenen schmerzlich erfahren müssen, daß sie die ihnen angebotene Gemeinschaft mit Gott aufgrund ihres Mangels an liebender Hingabe noch nicht voll erfassen können. Nach dieser Interpretation stehen sie vor Gott bzw. vor Jesus, in dem Gottes Liebe Fleisch geworden ist, und sehen im Feuer seiner Liebe ihre Unvollkommenheit, an der sie schmerzlich leiden. Was sie peinigt, ist die Tatsache, daß sie die göttliche Liebe noch nicht ertragen können, weil sie noch nicht völlig gereinigt, offen, vollkommen Liebende sind.

In dieser Sicht wird das Fegefeuer zu einem Moment der Begegnung des Menschen mit der Liebe Gottes, die ihn läutert und vollendet[47]. Daß es diese Läuterung gibt, ist verbindliche kirchliche Glaubenslehre, durch ein Dogma definiert, aber auch der theologischen Vernunft einleuchtend. Diese Glaubenswahrheit ergibt sich mit innerer Notwendigkeit aus dem christlichen Gottesbild: sie entspricht völlig der barmherzigen und zugleich den Menschen total einfordernden Liebe Gottes, wie sie in Jesus sichtbar geworden ist.

Die direkten biblischen Aussagen (2 Makk 12,45; Mt 12,31; 1 Kor 3,15) sind zwar höchstens Andeutungen dieser Lehre, man kann aber doch sagen, daß sich der Glaube an die Läuterung nach dem Tod auf das Gesamt der christlichen Botschaft stützt. Er ist ein inneres Moment des Glaubens an Gott und basiert nicht auf solchen Visionen, wie sie in diesem Kapitel besprochen wurden.

Wie die Läuterung stattfindet, wie lange sie dauert, ob sie wirklich nur die Seele des Menschen betrifft, oder, wie viele Theologen heute mit guten Gründen annehmen, alle Dimensionen der menschlichen Existenz, die im Tod als ganze in Gott hineinstirbt: dies alles sind Fragen, die weiterer Diskussionen bedürfen, die allerdings unseren Rahmen sprengen würden.

4. Aus dem Gesagten ergibt sich die Art und Weise, wie wir mit den Verstorbenen verbunden bleiben. Wir dürfen sie ganz und gar der Güte Gottes anvertrauen und die Hoffnung haben, daß die Gemeinschaft zwischen uns und ihnen über den Tod hinaus bestehen bleibt. Wenn auch die erfahrbare Kommunikation mit ihnen durch die Todesgrenze abgebrochen ist, so gibt uns der Glaube doch die Hoffnung, daß sie in Gott leben, in welcher Form auch immer sie noch der Läuterung bedürftig sein mögen. Im Dunkel des Glaubens können wir ihnen geistig auch die Hände reichen, indem wir mit ihnen Gott anbeten und sie immer wieder von neuem seiner Barmherzigkeit empfehlen. Im Dunkel des Glaubens hegen wir die Hoffnung, daß wir sie einst wiedersehen werden, wenn sie und wir endgültig das Ziel in Gott erreicht haben.

Diese Hoffnung ist eng verbunden mit dem christlichen Gottesglauben, sie ist von ihm nicht zu trennen. Wer in ihr feststeht, verzichtet gerne auf eine „Ergänzung" aus unsicheren Quellen.

5. KAPITEL
Überlegungen zu charismatischen Vorgängen

In den bisherigen Ausführungen wurde immer wieder darauf hingewiesen, daß das Außergewöhnliche, das bei Okkultphänomenen und -praktiken vorkommen kann, auf natürliche Ursachen zurückgeht. Man begegnet hier weder Verstorbenen – zumindest in den meisten Fällen darf diese Behauptung zweifellos aufgestellt werden –, noch auch unmittelbar dämonischen Geistern.
Von der Parapsychologie her stellt sich nun die Frage, ob Analoges nicht auch bei außergewöhnlichen Ereignissen angenommen werden muß, die vor allem in Gruppen aus dem Bereich der Pfingstbewegung und der Charismatischen Erneuerung[1] geschehen sollen und vielfach auch tatsächlich geschehen: es geht um die *Prophetie,* die zwar an sich als Reden im Namen Gottes verstanden wird, oft aber auch die Kenntnis verborgener, manchmal sogar zukünftiger Dinge einschließt, und um die *außergewöhnliche Heilung von Krankheiten.*
Solche Vorgänge werden in diesen Gruppierungen als *charismatisch* bezeichnet. Der Ausdruck bedeutet wörtlich übersetzt „gnadenhaft". Damit ist aber etwas ganz Spezifisches gemeint, und zwar ist man sich darin einig, daß sich dabei Gott selbst in besonders „handgreiflicher, sinnlich erfahrbarer Weise"[2] zeigt. Wenn ein Mensch die bleibende Fähigkeit hat, solche Vorgänge zu bewirken, dann hat er ein *Charisma,* eine Gnadengabe. In einer solchen Begabung vermag sich Gott selbst dauernd zu bezeugen, sie ist das von ihm gewirkte Mittel, wodurch er sich stets neu aktuell den Menschen kundgibt.
In der Pfingstbewegung und in der Charismatischen Erneuerung besteht vielfach die Neigung, diese Charismen so zu interpretieren, daß in ihnen Gott selbst die irdischen Wirkkräfte gleichsam ersetzen und die außergewöhnlichen Erkenntnisse bei einer Prophetie oder die spontane Heilung von Krankheiten anstelle der natürlichen Ursachen selbst herbeiführe. Im folgenden wird diese Sicht an Beispielen aufgezeigt werden. Ich meine hingegen grundsätzlich mit Heribert Mühlen, einem einflußreichen Theo-

logen der katholischen Charismatischen Erneuerung: „Ein Charisma ist eine uns von Geburt an mitgegebene Fähigkeit und Begabung, insofern sie vom Geist Gottes geläutert, gestärkt und für den Aufbau der Kirche und der Gesellschaft in Dienst genommen wird"[3].

Bei den beiden uns hier beschäftigenden Charismen – Prophetie und Heilung – gehören zu den sie begründenden natürlichen Begabungen auch solche paranormaler Art. In diesem Kapitel soll versucht werden, ein wenig zu klären, wie man auf der Grundlage dieser Annahme trotzdem daran festhalten kann, daß diese paranormalen Begabungen das besondere Wirken Gottes bezeugen und bekräftigen können, freilich nicht in jener eindeutigen Weise, wie manche Menschen, die charismatischen Gruppen angehören, glauben: für sie scheinen paranormale Wirkungen geradezu ein Beweis für das Wirken des Heiligen Geistes zu sein.

1. Die Gabe der Prophetie

a) Die Praxis

Grundsätzlich bedeutet Prophetie ein *Sprechen im Namen Gottes* bzw. Jesu Christi. So sagt z. B. Heribert Mühlen: „Wem die Prophetengabe gegeben ist, der hört innerlich auf Anrufe und Weisungen des lebendigen, erhöhten Herrn und fragt sich: Was würde Jesus hier und jetzt sagen . . .? Was will der lebendige Jesus jetzt den Anwesenden sagen?"[4] Im Unterschied zum Prediger und Katecheten empfängt der Prophet einen unmittelbaren Impuls von Gott. Nach Francis A. Sullivan, Jesuit und Dogmatiker, kann gesagt werden: „Der Prophet kann nur dann prophetisch reden, wenn er dazu inspiriert wird, das heißt, wenn er eine Botschaft mitzuteilen hat, von der er überzeugt ist, daß sie von Gott stammt"[5].

Prophetie ist nicht die an alle Menschen gleichmäßig gerichtete Verkündigung des Evangeliums, sondern sie wendet sich immer ganz konkret an bestimmte Gruppen von Menschen oder an einzelne und spricht mahnend, aufbauend und tröstend zu ihnen[6].

Sie baut auf einer doppelten Erkenntnis auf: einerseits muß sie vom Geheimnis Gottes her sprechen, sie muß also durchdrungen sein von der göttlichen Offenbarung, wie sie uns vor allem im Evangelium entgegentritt und durch den Heiligen Geist in unser Innerstes eingeprägt wird: hier muß man von aus dem Glauben kommender *Gotteserkenntnis* sprechen; anderseits muß die Prophetie auch um die Situation der anzusprechenden Menschen Bescheid wissen: hier handelt es sich um *Erkenntnis irdischer Wirklichkeiten.*

Die zweite Erkenntnis, die uns zunächst interessiert, kann unter Umständen besonders auffällig sein: so können etwa die Sünden anderer Menschen ganz konkret aufgedeckt werden, wie es durch Jesus bei der Samariterin (vgl. Jo 4,18) oder durch den Apostel Petrus bei zwei Mitgliedern der Jerusalemer Urgemeinde geschah (vgl. Apg 5,1–11)[7]. Die Prophetie vermag dadurch äußerst treffsicher zu werden, genau zugeschnitten auf die konkrete Situation von bestimmten Menschen.

Manche Autoren bezeichnen dieses Moment der Prophetie als ein eigenes Charisma, und zwar als *Gabe der Erkenntnis*. So etwa in folgender Aussage: Die Gabe der Erkenntnis, die vielfach mit der Prophetie (hier wird dafür das Wort „Weissagung" verwendet) zusammenwirkt, „ist die göttliche Offenbarung von Dingen, die man nicht durch den natürlichen Verstand gelernt hat"[8]. Wie das anschließende Beispiel zeigt, handelt es sich dabei um die „Offenbarung" der inneren Verfassung eines anderen Menschen, hier seiner ganz konkreten Angst.

Dennis J. Bennett, Pastor der Episkopalkirche und engagierter Promotor der Charismatischen Erneuerung, erzählt: Eine Frau habe ihn angerufen. Seit einer gottesdienstlichen Zusammenkunft am vorigen Abend gingen ihr einige Worte nicht mehr aus dem Sinn, sie glaube, sie würden ihm, Dennis Bennett, gelten. Er habe sie in sein Büro gebeten. Dort habe sie gesagt: „Der Herr will scheinbar folgendes durch mich sagen: Du fürchtest dich. Du hast Angst, daß diese Gemeinde wie die Gemeinde in Van Nuys explodiert! Aber fürchte dich nicht. Hier wirst du keine Schwierigkeiten haben, die du nicht meistern könntest, und du wirst von allen starke Unterstützung haben – von oben angefangen!" Bennett berichtet weiter, er habe überhaupt keine Zweifel haben können, daß die Frau vom Herrn selbst „als Botschafterin" gebraucht worden sei. Tatsächlich habe er seit jener Überforderung in Van Nuys voller Furcht gelebt. Er sei sich gar nicht darüber klar gewesen, wie groß diese Furcht gewesen sei, bis plötzlich dieser Druck durch die Worte der Frau von ihm gewichen sei. Diese habe aber von seinen Zuständen auf keinen Fall etwas ahnen können[9].

Man sieht, daß Bennett die Erkenntnis seiner psychischen Verfassung durch seine Besucherin auf unmittelbare göttliche Eingebung zurückführt.
Die Gabe der Erkenntnis kann sich auch auf äußere Dinge beziehen.

Es ging um einen verlegten Scheck. Eine Frau ruft eine Bekannte, Anne, an und bittet sie darum zu beten, daß sie ihn wiederfinde. Nach einiger Zeit ruft Anne zurück: „. . . der Scheck liegt im Waschhaus unter einem Stapel Wäsche." Dort wurde er auch gefunden[10].

Dennis J. Bennetts Kommentar zum letzten Beispiel: „Hellseherei? Nein! Gott verbietet derlei Dinge. Anne hatte nie ein besonderes ‚außersinnliches Wahrnehmungsvermögen' gehabt, vielmehr hatte Gott ihr eine Gabe der Erkenntnis gegeben und ihr im Gebet gezeigt, wo der Scheck lag"[11].
Die Gabe der Erkenntnis kann sich aber auch auf Zukünftiges beziehen. Dieses Moment war andeutungsweise auch im Bericht von Bennetts Erlebnis mit der Frau, die ihn von seiner Angst befreite, mitenthalten, und zwar in der Voraussage, daß Bennett in seiner gegenwärtigen Gemeinde keine Schwierigkeiten, die er nicht meistern könne, haben würde. Es ist freilich fraglich, ob diese Aussage mehr als eine bloße Ermutigung ist. Solche Voraussagen können freilich viel bedeutsamer und mehr ins einzelne gehend sein als es in diesem Beispiel der Fall ist. So in der folgenden eindrucksvollen Geschichte, die im Kreis der „Geschäftsleute des vollen Evangeliums", einer neupfingstlerischen Gruppe, erzählt wird.

Im Dorf Kara Kala in Armenien, wo die Vorfahren des Begründers dieser Gruppe, Demos Shakarian, wohnten, gab es einen Buben, Efim, der weder lesen noch schreiben konnte, der aber von klein auf in tiefer Verbindung mit Gott lebte. Einmal sah er vor sich in einer Vision Landkarten sowie Schriftzüge. Er schrieb und zeichnete alles ab. Das ganze war eine Botschaft, in der den Bewohnern des Dorfes eine furchtbare Tragödie vorausgesagt wurde: Hunderttausende Menschen würden brutal ermordet werden. Man solle in ein Land jenseits des Ozeans fliehen. Die Landkarte, die der vollständig ungebildete Efim gezeichnet hatte, zeigte den Atlantik sowie die Ostküste Amerikas. Die Armenier sollten aber dort nicht bleiben, sondern bis zur Westküste des Landes ziehen. Dort „würde Gott sie segnen und ihnen Wohlstand geben und ihren Samen zum Segen für die Nation setzen." Fünfzig Jahre später sagte Efim, die Zeit der Erfüllung der Prophezeihung sei nahe. Einige Dorfbewohner, darunter auch Shakarians Großvater, wanderten nach Amerika aus. Wenig später erfolgte der grausame Völkermord der Türken an den Armeniern[12].

Dennis J. Bennett sagt zum Zukunftsaspekt der Prophetie: „Die Bibel sagt, daß Gott durch das Reden Seiner Propheten manchmal zeigt, was geschehen wird. Doch hat dies nichts zu tun mit Wahrsagen, sondern Gott teilt dadurch Seine Absichten Seinen treuen Kindern mit. Der wahre Prophet *versucht nicht,* Informationen über die Gegenwart oder die Zukunft zu erhalten, sondern es geht ihm allein darum, mit Gott in Gemeinschaft zu leben. Gott teilt sich dem Propheten mit. Wahre Prophetie ist nicht *Wahrsagen,* sondern *Weitersagen*"[13].

Innerhalb der Charismatischen Erneuerung und der Pfingstbewegung wird bei der Beschreibung der Prophetie den Momenten der Erkenntnis verborgener und zukünftiger irdischer Dinge unterschiedliches Gewicht und eine unterschiedliche theologische Deutung gegeben[14]. Nicht selten ist freilich jene Deutung, die in der vorausgehenden Darstellung bereits mehrmals angeklungen ist: diese Erkenntnisse sind „übernatürlich", sie werden direkt von Gott eingegeben und haben nichts mit Hellsehen bzw. Wahrsagerei zu tun: diese sind Okkultpraktiken und als solche von Gott verboten, sie werden von dämonischen Mächten verursacht: diesbezüglich denkt man in manchen charismatischen und pfingstlerischen Kreisen gleich bzw. noch radikaler, als es die früher besprochenen Autoren Willem C. van Dam und Kurt E. Koch tun[15].

Dieser Sicht der in der Prophetie manchmal integrierten Erkenntnis von Verborgenem und Zukünftigem einerseits und okkulter Praktiken anderseits liegt freilich die bereits öfter angesprochene Gleichung zugrunde: paranormal ist gleich übernatürlich: entweder positiv übernatürlich – also gottgewirkt –, oder negativ übernatürlich – also von Dämonen gewirkt. Wer so denkt, sieht in der „Gabe der Erkenntnis" einen Glaubensbeweis: in ihr zeigt sich unbezweifelbar Gottes Allwissenheit, die das Verborgene und Zukünftige kennt; im okkulten Gegenstück beweist sich ebenso klar das dem menschlichen Erkennen überlegene Wissen der Dämonen.

b) Bemerkungen aus parapsychologischer Sicht

Es ist nicht nötig, genauer darauf einzugehen, daß sich die „Gabe der Erkenntnis" bei genauerem Zusehen sehr oft auf ganz gewöhnliche Vorgänge reduziert. So mag z. B. die Frau, die Dennis J. Bennett in für ihn selbst überraschender Weise mit seiner Angst konfrontierte, Eindrücke, die sie von ihm beim Gottesdienst am Tag zuvor empfing, mit Informationen, die ihr schon bekannt waren, kombiniert haben.

Freilich läßt sich nicht alles so leicht erklären. Von den parapsychologischen Betrachtungen dieses Buches her ist freilich klar, daß auch auffälligere Vorkommnisse auf natürliche Ursachen zurückgehen: bei der tatsächlichen Erkenntnis innerer Zustände eines anderen Menschen liegt Telepathie vor, bei der Erkenntnis verborgener Dinge – wie im Beispiel vom verlegten Scheck – handelt es sich um Hellsehen; Zukunftsaussagen, die sich tatsächlich erfüllen, beruhen auf Präkognition. Ich weiß, daß Dennis J. Bennett und viele andere, auch katholische, Autoren diese Interpretation für geradezu blasphemisch halten – dies beruht aber auf der unbegründeten Dämonisierung des Paranormalen.

Unsere parapsychologischen Überlegungen versetzen uns auch in die Lage, den eigentümlichen Charakter jener Erkenntnisse von Verborgenem und Zukünftigem zu verstehen, den man oft vorschnell als Beweis dafür deutet, daß sie unmittelbar von Gott eingegeben seien, die Tatsache nämlich, daß sie oft ganz spontan und unerwartet im Menschen aufsteigen und ihm auch im Traum gegeben werden und so seinem bewußten Einfluß fast oder ganz entzogen sind. Das liegt darin begründet, daß paranormale Wahrnehmungen über das Unbewußte funktionieren und nicht direkt vom Willen herbeigeführt werden können. Das, was das Bewußtsein manchmal wie eine Inspiration überkommt, ist ein Inhalt, der durch das Unbewußte gegangen und von dessen Spontanität und Unberechenbarkeit geprägt ist.

Von daher gesehen ist die Fähigkeit eines Menschen zu solchen Erkenntnissen an sich kein Zeichen dafür, daß er im Namen Gottes spricht. Auch wenn jemand psychische Inhalte eines anderen zutreffend wahrnimmt, ist damit nicht gesagt, daß die Wegweisung, die er mit seiner Wahrnehmung verbindet, richtig ist.

So erfuhr ich einmal von folgendem Vorgang in einer Gebetsgruppe: Ein junger Mann, der im Priesterseminar war, hatte ernste Zweifel an seiner Berufung bekommen. Eine Frau, die davon angeblich nichts wußte, sagte ihm plötzlich ganz konkret im Namen Gottes zu, er sei zum Priester erwählt und dürfe gerade jetzt nicht wankend werden. Das beeindruckte den jungen Mann ungemein, und er hatte das Gefühl, Gott selbst habe zu ihm gesprochen, und er dürfe sich diesem prophetischen Wort auf keinen Fall entziehen. Später kam er zur Überzeugung, doch nicht zum Priester berufen zu sein.

Nehmen wir an, die Frau habe tatsächlich nicht auf dem Weg normaler Wahrnehmung und Kommunikation, sondern unmittelbar den Krisenzustand des jungen Manmes erkannt. Ihre Weisung kann natürlich richtig und im Sinn Gottes gesprochen gewesen sein. Das ist aber nicht notwendigerweise der Fall. Diese Weisung kann auch ganz und gar aus einer unreflektierten Überzeugung von der Berufung des jungen Mannes gekommen sein, eine Überzeugung, die der Frau so selbstverständlich war, daß ihr der Gedanke, die Berufung könne auch fehlen, gar nicht kam. In diesem Fall wäre dann die paranormale Wahrnehmung in eine rein menschliche Überzeugung eingebettet.

c) Theologische Deutung

1. Prophetie ist primär *nicht* Verlautbarung dessen, was jemand durch (paranormale) *Erkenntnis von Verborgenem und Zukünf-*

tigem ahnt oder weiß, sondern Sprechen im Namen Gottes: sie beruht also zunächst auf gläubiger *Gotteserkenntnis,* aber nicht auf einer vagen und abstrakten, sondern auf tiefer und lebendiger Gottes-Erfahrung. Diese wird dem Menschen dadurch geschenkt, daß er vom Wort Gottes – wie es von glaubenden Christen bezeugt wird und in der Heiligen Schrift niedergelegt ist – getroffen und vom Heiligen Geist in der Tiefe seines Herzens erfüllt wird. Christlichen Glauben gibt es demnach nur als Antwort auf diese geschenkte Gotteserfahrung, nie aber als bloße eigene Leistung des Menschen: Gott selbst öffnet durch seinen Geist die Augen des menschlichen Verstandes für seine Herrlichkeit, macht den Willen geneigt zur Zustimmung zu seiner Offenbarung und bewegt das Herz durch sein erschreckendes und seliges Geheimnis[16].

In einer solchen Begegnung mit dem lebendigen Gott, deren genauere Beschreibung den Rahmen dieses Buches überschreiten würde, erfährt der Mensch, daß die menschliche Existenz ganz und gar auf Gott bezogen ist: Gott ist der schöpferische Urgrund des menschlichen Daseins; er bejaht den Menschen mit seiner absoluten Liebe und ist selbst das Ziel der unendlichen Sehnsucht des Menschen nach Glück und Erfüllung; dies alles aber bleibt gültig, obwohl der Mensch sich immer wieder von Gott abwendet: in Jesus Christus ist deutlich geworden, daß Gott dem Menschen seine Schuld vergibt und sich bis ins letzte einsetzt, um ihn zu neuem Vertrauen zu gewinnen.

Die Begegnung mit Gott schließt für den Menschen immer auch das Moment der *Sendung* ein: der Mensch erfährt, daß die Liebe Gottes nicht einfach nur ein persönliches Geschenk an ihn selbst ist, sondern daß Gott von ihm erwartet, daß er von seinem Glauben und seiner Hoffnung auch Zeugnis gibt. Gott läßt den Menschen seine Gegenwart nicht nur als Gnade erfahren, sondern immer auch als Auftrag zur Weitergabe dieser Erfahrung an andere. Der Mensch soll sich also an seine Mitmenschen wenden, um ihnen im Namen Gottes zu verkünden, daß die Beziehung zu Gott für sie ebenso das „eine Notwendige" (vgl. Lk 10,24) ist, wie er es für sich selbst erfahren hat.

Damit stehen wir bereits vor dem Kerninhalt dessen, was mit Prophetie gemeint ist: *das Zeugnis von der einem Menschen geschenkten Gotteserfahrung, wobei der Auftrag zu diesem Zeugnis in der Gotteserfahrung selbst unmittelbar mitenthalten ist.* Prophetie in diesem Sinn ist übrigens nichts Spezielles, was nur einzelnen Christen zukäme. Man kann hier noch von keinem besonderen Charisma reden: jeder Christ ist in diesem allgemeinen Sinn mit der prophetischen Sendung begabt. So redet auch Francis A. Sullivan von der prophetischen Sendung des ganzen Volkes Gottes[17], und zwar in Anschluß an Aussagen des zweiten Vatikanischen Konzils[18].

Wie kann nun der Christ, wenn er seiner prophetischen Sendung nachzukommen versucht, bekräftigen, daß er wirklich von Gott her spricht, daß seine Gotteserfahrung authentisch ist? Grundsätzlich nur dadurch, daß die Menschen erfahren können, daß er das Menschsein aus seinem Glauben heraus überzeugend lebt. Das bedeutet einmal, daß sein Glaube an Gott, obwohl er letztlich nicht rational beweisbar ist, gleichwohl nicht den Eindruck einer blinden, unvernünftigen Option macht, durch die er sich gegen verdrängte Probleme seines Lebens absichert, sondern Echtheit und Klarheit ausstrahlt; weiters wird der Glaube den Christen frei machen zu liebender, tatkräftiger Solidarität mit den Mitmenschen und zu dankbarer Freude über die Wunder der Schöpfung; entscheidend ist aber auch, daß er ihm den Mut gibt, sich dem Bösen in der Welt und im menschlichen Leben illusionslos zu stellen und ohne Angst um sich selbst an dessen Überwindung zu arbeiten und dafür auch zu leiden. In einer solchen Existenzform zeigt sich wie in einem Spiegel das Geheimnis dessen, von dem sich der Mensch in allen seinen Dimensionen tragen läßt: das Geheimnis Gottes.

2. *Prophetie im speziellen Sinn* des im ersten Unterabschnitt beschriebenen Charismas liegt dann vor, wenn *besondere Begabungen in den Dienst des im allgemeinen Sinn prophetischen Zeugnisses treten.* Es können dies unter Umständen ganz „normale" Begabungen sein, wie es dann der Fall ist, wenn jemand in eine Ge-

betsversammlung Worte der Bibel hineinspricht, die in hohem Maß „situationsgerecht sind, das heißt, vom Zusammenhang des Gebetsgottesdienstes her auferbauen, ermahnen, trösten"[19]. Der charismatische Charakter der Prophetie besteht hier darin, daß das Glaubenszeugnis verbunden ist mit einer besonderen Einfühlungsgabe für die Situation der Gruppe und deswegen eine besondere Treffsicherheit bekommt.

Manchmal können die besonderen Fähigkeiten auch paranormaler Art sein. Immer wieder geschieht es, daß ein Mensch, der seine ganze Existenz immer tiefer in Gott gründet und immer mehr von ihm her lebt, solche Begabungen in sich entdeckt. So steigen etwa in einem Menschen während des gemeinsamen freien Gebetes in einer Gebetsgruppe – auch für ihn selbst ganz überraschend – Worte, Sätze, Bilder, Erkenntnisse auf, der Betreffende spricht sie – manchmal unter großen Bedenken und Zweifeln – aus und entdeckt – wieder zu seiner eigenen Überraschung –, daß sie sich auf die innere Situation eines anderen aus der Gruppe beziehen, unter Umständen auf ganz konkrete Probleme seines Lebens. In einem anderen Fall sieht jemand ganz lebendig die Buchstaben und Ziffern einer Bibelstelle vor seinem Auge, man schlägt nach und findet ein Wort, das der Gruppe einen Ausweg aus einer verzweifelten Situation zeigt[20]. Ein drittes Beispiel, das freilich seltener vorkommt, wäre eine Vision, in der sich, wie sich später herausstellt, ein künftiges Ereignis ankündigt[21].

3. Nach den Erörterungen dieses Buches ist klar, daß die hier vorliegenden ASW-Leistungen[22] natürliche Vorgänge sind, die an sich nicht auf ein unmittelbares Eingreifen Gottes zurückgeführt werden dürfen. Trotzdem kann es sein, daß sie eine Folge des Wirken Gottes im Menschen sind. Ich will versuchen, dieses Geheimnis noch näher zu erläutern.

Wie bereits gesagt, kann der Mensch nur dann zum Glauben kommen, wenn er dazu vom Geist Gottes erleuchtet, motiviert, hingezogen wird. Wenn sich der Mensch diesem Drängen des Geistes anvertraut und mehr und mehr in Gott Stand gewinnt, dann führt das dazu, daß auch alles das, was in seinem Wesen angelegt ist, mehr und mehr zur Entfaltung kommt. Der Mensch kann sicher auch existieren und sein Leben gestalten, ohne sich bewußt von Gott her zu verstehen. Wer er aber wirklich ist und welche Möglichkeiten er letztlich hat, das enthüllt sich nur dann voll und ganz, wenn er eintritt in die Beziehung zu Gott. Insofern ist der Glaube, der von Gott im Menschen erweckt und lebendig erhalten wird, schöpferisch. Wenn Gott den Menschen anspricht, dann holt er aus ihm Kräfte und Möglichkeiten heraus, die sonst nicht sichtbar geworden wären. Ja, es scheint sogar so zu sein, daß sich in der Begegnung mit Gott die Fähigkeiten des Menschen immer weiter entfalten können, geradezu ins Unabsehbare hinein. Der Mensch findet in Gott in einer Weise zu sich, daß die engen Grenzen seines Wesens förmlich gesprengt erscheinen, daß seine der Parapsychologie grundsätzlich bekannten Tiefenkräfte eine auch für diese Wissenschaft erstaunliche Reichweite und Leistungsfähigkeit bekommen.

Bis zu einem gewissen Grad kann das Auftreten paranormaler Fähigkeiten in diesem Zusammenhang verständlich gemacht werden. Wir müssen dazu bedenken, daß sie durch das Unbewußte wirken und deswegen sehr davon abhängen, daß der Mensch bis in die unbewußten Schichten seines Wesens hinein frei und gelöst, nicht beengt durch unbewußte Verkrampfungen und Komplexe ist. Wenn nun der Gottesglaube die unbewußte Tiefe eines Menschen befreit und löst, dann vermag sie leichter durchlässig zu werden für eventuell in ihr aufsteigende paranormale Informationen. Freilich sollte nicht übersehen werden, daß diese Erklärung wohl nicht ausreicht, um manchmal in charismatischen Kreisen auftretende Höchstleistungen, die selbst den Parapsychologen verblüffen, verständlich zu machen. Trotzdem ist wohl auch hier daran festzuhalten, daß es sich nicht um etwas prinzipiell anderes als um paranormale Kräfte handelt, die im Menschen wach werden können, wenn er in der Kraft des Geistes lebt.

d) Konsequenzen
Jene Form der Prophetie, in der paranormale Begabungen wirksam werden, sollte mit größter Vorsicht ausgeübt werden. Man muß bedenken, daß paranormale Wahrnehmungen keineswegs eine direkte Teilnahme an Gottes Allwissenheit, keineswegs unmittelbar von Gott eingegebene Erkenntnisinhalte sind, sondern sehr differenziert zu beurteilende natürliche Vorgänge. Diese Feststellung wird dadurch, daß die paranormalen Fähigkeiten als Folge der Glaubenshingabe an Gott aufgetreten sein mögen und dadurch mit seinem unmittelbaren Wirken am Menschen in Zusammenhang stehen, nicht aufgehoben. So gilt auch hier, was beim Wahrsagen gesagt wurde: Es kann sein, daß von dem, der einem anderen eine prophetische Botschaft weitergibt, die Befürchtungen und Erwartungen des anderen telepathisch wahrgenommen und unwillkürlich in eine Weissagung umgewandelt werden – mit unter Umständen schlimmen Folgen für den Betreffenden[23]; es kann sein, daß paranormal richtig Wahrgenommenes mit unzutreffenden Konsequenzen verbunden wird. Vor allem ist daran zu erinnern, daß die Prophetie oft in Gebets*gruppen* ausgeübt wird, was die Gefahr mit sich bringt, daß sich gruppendynamische, tiefenpsychologische und paranormale Dynamiken unentwirrbar miteinander vermischen[24].
Um solchen Gefahren zu steuern, genügt es nicht, wenn in einer Gruppe zur Beurteilung einer Prophetie nur theologische und ethische Kriterien angewendet werden[25]. Es braucht vielmehr auch Menschen, die über die eben aufgezählten Dynamiken in etwa Bescheid wissen.
Im übrigen kann aber die in rechter Weise ausgeübte charismatische Prophetie in jener außergewöhnlichen Form, daß sie auch paranormale Erkenntnisse in sich enthält, eine wichtige Funktion im kirchlichen Leben einnehmen. Nach den Erfahrungen der Vergangenheit und der Gegenwart trägt sie dazu bei, das Glaubenszeugnis machtvoller und die Seelsorge einfühlsamer zu gestalten. Sie dient tatsächlich dem Aufbau der Kirche, zu dem ja nach Paulus die Charismen von Gott erweckt werden (vgl. 1 Kor 12).

2. Die Gabe der Krankenheilung

Gegenstand dieses Abschnittes sind außergewöhnliche Heilungen von Krankheiten, die medizinisch entweder als überhaupt unheilbar gelten, oder deren Heilung auf einem der Medizin unbegreiflichen Weg – ohne die gewöhnliche notwendig Behandlung – oder mit außergewöhnlicher Schnelligkeit geschieht. Solche Heilungen kommen innerhalb pfingstlerischer und charismatischer Gruppen ohne Zweifel vor. Sie werden oft als unmittelbarer Eingriff Gottes in die Natur, der hier anstelle der natürlichen Ursachen wirken würde, interpretiert. Ich bin hingegen mit Heribert Mühlen der Meinung, daß hier „natürliche, in der Schöpfung selbst verborgene Kräfte"[26] in Aktion treten. Diese verborgenen, teilweise auch paranormalen, Kräfte können freilich – wie die besonderen Fähigkeiten in der charismatischen Prophetie – in spezieller Weise in den Menschen lebendig werden, die vom Geist Gottes erfüllt sind und aus seiner Kraft leben.

a) Außergewöhnliche Heilungen im allgemeinen

Das bis heute die Biologie weithin beherrschende materialistische Verständnis des Lebens als letztlich bloß physikalischer Prozeß ist unzureichend[27]. Trotz aller gegenteiligen Behauptungen ist eine physikalische Erklärung des Lebens nicht gelungen, und es ist auch vom philosophischen Standpunkt aus nicht zu erwarten, daß sie je gelingt. Lebende Organismen sind nämlich ganz offenbar dem Leblosen gegenüber etwas anderes, Neues: sie sind Einheiten, die sich aus der anorganischen Natur herausheben, Ganzheiten, in denen die physikalischen Abläufe in eine vom physikalischen Standpunkt aus gesehen extrem unwahrscheinliche Ordnung gebracht sind, sodaß sie der Ganzheit gleichsam dienen.

Lebende Organismen haben etwas wie einen *immateriellen Gestaltungsfaktor,* der in die Materie „eingesenkt" ist und sich in ihr entfaltet. Der Gestaltungsfaktor ist der Grund dafür, daß der Organismus sich als eigenes Wesen von der Umgebung abhebt. Dieses Eigensein, Selbstsein des Organismus wächst mit der Differenziertheit seines Aufbaues und seiner Funktionen und ist bei höheren Formen des Lebens mit immer intensiveren Graden von Bewußtsein verbunden. Bei einem bewußten Wesen ist das Selbstsein nicht bloß vorhanden, sondern es wird gleichsam von ihm selbst gelebt. Die bewußten Wesen – die höheren Tiere, aber auch der Mensch – verdanken also ihr Bewußtsein demselben Prinzip, das auch das Selbstsein und die strukturelle Ganzheit ihres Organismus begründet. Wir nennen dieses Prinzip bei bewußten Wesen Seele, wobei der menschlichen Seele eine prinzipielle Sonderstellung zukommt, da sie dem Menschen das Selbst-, Welt- und Gottesbewußtsein ermöglicht.

Der dem Organismus eignende immaterielle Gestaltungsfaktor, sein *Lebensprinzip,* ermöglicht ihm nicht nur, sich gegen destruktive Einflüsse zu behaupten, sondern auch, sich bei Schädigungen zu regenerieren. Diese letztgenannte Fähigkeit ist ein besonderer Ausdruck der inneren Mächtigkeit des Lebensprinzips: Willem H. C. Tenhaeff gebraucht in diesem Zusammenhang den Ausdruck *vis medicatrix naturae,* heilende Kraft der Natur[28]. Diese Kraft wird bei jedem Heilungsvorgang wirksam. Ein solcher ist ja nie bloß eine Wiederherstellung gestörter mechanischer Funktionen, sondern eine Neuintegration der bei jeder Krankheit irgendwie in Mitleidenschaft gezogenen Ganzheit des Organismus, die sich nur durch die Regenerationskraft seines Lebensprinzips neu zur Geltung bringen kann.

Da wie gesagt die Seele bei bewußten Wesen sowohl das Lebensprinzip als auch das Prinzip ist, aus dem das Bewußtsein erwächst, ist verständlich, daß sich beim Menschen seelische Zustände sehr stark im Körperlichen auswirken können. Der Mensch kann zwar seine unwillkürlichen körperlichen Vorgänge nicht willentlich beeinflussen, es ist aber doch so, daß sowohl Krankheiten als auch Heilungen seelisch stark mitbedingt sind. Der Spruch: „mens sana in corpore sano – ein gesunder Geist in einem gesunden Körper" hat eine tiefe Berechtigung.

Was die Krankheiten betrifft, so gibt es nicht nur die im eigentlichen Sinn psychisch verursachten („psychogenen") körperlichen Störungen, z. B. hysterische Lähmungen oder angstneurotische

Herzbeschwerden, sondern auch organische Krankheiten haben allem Anschein nach oft stärkere Wurzeln im Seelischen, als man in der klassischen Schulmedizin dachte und teilweise heute noch denkt. Hier mag es sein – das ist zumindest meine Vermutung – daß weniger ein direktes Sich-Umsetzen einer seelischen Störung in eine körperliche vorliegt, sondern daß eine Schwäche der gesamten psychischen Kraft auch für körperliche Krankheiten anfälliger macht.

Daß auch Heilungen starke psychische Komponenten haben, ist nur die positive Seite des eben über die Krankheiten Gesagten. Im eigentlichen Sinn psychogene Krankheiten können nur durch Beseitigung der psychischen Störungen geheilt werden. Auch bei der Heilung organischer Krankheiten ist jedoch der psychische Zustand von großer Bedeutung. Vor allem kommt es hier darauf an, daß der Mensch an die Möglichkeit seiner Heilung glaubt. Je tiefer und fester einer davon überzeugt ist, gesund werden zu können, desto größer sind seine Heilungschancen. Hier ist es wohl letztlich eine positive, kraftvolle seelische Grundbefindlichkeit, die die Heilung erleichtert.

Wenn das so ist, dann wird auch deutlich, warum bei Heilungen die *Suggestion*[29] eine so große Rolle spielt. Darin liegt das Geheimnis vieler Heilpraktiker. Sie haben zumeist ein großes Selbstbewußtsein und eine starke suggestive Kraft und vermögen dadurch bei kranken Menschen den Glauben an ihre Heilung zu erwecken oder zu verstärken. Dadurch kann eine Heilung unter Umständen erst möglich oder doch stark beschleunigt werden. Man darf zwar im allgemeinen die Macht der Suggestion nicht unkritisch überschätzen, sie kann aber, vor allem unter günstigen psychologischen Bedingungen, sicher größer sein, als die Schulmedizin weithin zugeben will. Vor allem scheinen manche Schulmediziner sich nicht bewußt zu sein, wie viele ihrer Erfolge darauf zurückgehen, daß von ihrem großen Namen oder ihrem Auftreten starke suggestive Wirkungen ausgehen.

Schon das, was auf dieser Ebene geschieht, kann außergewöhnlich sein: der Mediziner Prof. Arthur Jores spricht von „Wunder(n), die sich in den Sprechstunden der Kurpfuscher oder der

Außenseiter so oft vollziehen und in unseren Krankenhäusern so selten sind. Man kann hier wirklich von einer Kraft des Glaubens[30] sprechen, von deren Möglichkeiten wir heute eine zu schwache Vorstellung haben"[31].
Es fragt sich freilich, ob das im folgenden erzählte Beispiel allein auf Suggestion zurückführbar ist. Es wird von Hans Bender berichtet[32].

In einer von Dr. Hans Rehder geleiteten Hamburger Klinik wurden drei Patientinnen lange ohne jeden Erfolg behandelt. Frau H. litt seit zwei Jahren an Gallensteinkoliken und chronischer Gallenblasenentzündung mit dauernden Schmerzen; da eine konservative Behandlung keine Fortschritte brachte, erwog man eine Operation. Frau D. war sieben Monate vor ihrer Einweisung wegen einer Vereiterung der Bauchspeicheldrüse operiert worden, war völlig obstipiert und litt zeitweise an schwerem Meteorismus (Blähungen). Sie wog nur 34 kg und wurde Tag und Nacht von Leibschmerzen geplagt. Frau Sch. hatte weit fortgeschrittenen Gebärmutterkrebs mit allgemeiner Bauchfellkarzinose. Bauch und Beine waren durch Stauungen von Wasser geschwollen, hinzu kam noch hochgradige Blutarmut. Dr. Rehder besuchte einen bekannten „Geistigen Heiler" in München, Dr. Kurt Trampler, der auch als „Fernheiler" wirkte. Trampler erklärte Rehder seine Heilmethode: er wolle den durch die Krankheit gestörten „Kontakt des Menschen mit den höheren Lebenszusammenhängen" dadurch wiederherstellen, daß er als „Katalysator" versuche, „die verlorene Rückverbindung zum ‚Urgrund des Lebens' wieder zu erleichtern. Das geschehe durch die Sammlung unserer Gedanken auf Gott als die planbeseelte Kraft, die ein Dasein in Vollkommenheit und Gesundheit wolle"[33]. Als zwei zwischen Rehder und Trampler vereinbarte Fernheilungstermine – die Patientinnen wurden davon nicht informiert – keine Wirkung hatten, nahm Rehder die Sache selbst in die Hand. Er erzählte den Kranken von Tramplers Theorie und gab ihnen ein Buch von ihm zu lesen, er berichtete auch von Wunderheilungen in Lourdes. Dann teilte er ihnen einzeln mit, daß sie durch eine Fernheilung zu einer bestimmten Zeit geheilt werden sollten, und zwar dadurch, daß Trampler seine heilenden Kräfte auf sie konzentrieren würde – Trampler war allerdings nicht mehr engagiert worden. Zum vereinbarten Zeitpunkt geschah Erstaunliches: Die gallenkranke Frau H. stand schmerzfrei, mit fast normaler Temperatur, auf, nach vierzehn Tagen konnte sie entlassen werden. Bei einer Operation entfernte man ein Jahr später allerdings 53 Gallensteine. Frau D. wurde von ihrem schmerzhaften Zustand fast augenblicklich befreit, am Tag darauf war die Obstipation behoben, und auch der Meteorismus war verschwunden. Innerhalb kurzer Zeit stieg das Körpergewicht um 15 kg, Frau D. konnte arbeitsfähig entlassen werden. Die an Krebs leidende Frau Sch. verlor ihre Wassersucht in einigen Tagen durch Ausscheiden von 9 Liter Harn, der Blutbefund besserte sich, der Appetit kehrte wieder; sie sah aus wie eine Gesunde und wurde mit unverändertem gynäkologischen Befund nach Hause entlassen; sie starb allerdings nach einigen Monaten an ihrem Krebsleiden.

Bender skizziert bei diesem Fall und auch bei anderen, bei denen es um überraschende Heilungen von psychischen Störungen geht, die bewußten und unbewußten Emotionen und Beziehungen der an den Heilungen beteiligten Personen – er spricht von einem *affektiven Feld*. Ein solches affektives Feld soll verständlich machen, daß eine Heilsuggestion von so überraschender Wirkung möglich wird. Rehder „war fasziniert vom Magischen und Numinosen – eine seelische Verfassung, die sich besonders stark auswirkte, da sie im Widerspruch zu seiner aufklärerischen Haltung stand. Hinzu kam der Wunsch, den Laienbehandler zu entthronen, dessen Wirken er für gefährlich hielt, und selbst als ‚Super-Medizinmann' zu wirken: als Facharzt und magischer Heiler in einer Person . . . Sein lebhafter Wunsch, den Patientinnen zu helfen, wurde also durch mächtige affektive Kräfte unterstützt"[34]. Diese emotionale Lage Rehders löste natürlich auch bei den Kranken starke Affekte aus. Aus der sich ergebenden dynamischen Wechselbeziehung resultierte die außerordentliche Macht der Suggestion[35].

Bender geht allerdings noch einen Schritt weiter und sagt, daß bestimmte Situationen verstärkter Emotionalität den Erlebenden „in eine magische Ordnung der Welt eintreten" lassen, in der „Natur und Psyche sich als aufeinander abgestimmt erweisen und geradezu Wünsche Wirklichkeit werden"[36]. Es handelt sich also um keine „gewöhnliche" durch Suggestion stimulierte Heilung, sondern um ein paranormales Phänomen, das Bender auf dem Hintergrund der Synchronizitätstheorie Carl Gustav Jungs[37] verständlich zu machen versucht. Ich möchte allerdings die paranormalen Momente von Heilungen durch andere theoretische Erwägungen dem Verständnis ein Stück näherbringen; zuvor sollen aber noch ein paar Beispiele gebracht werden.

Es gibt Kulturkreise, in denen die Fähigkeit zur paranormalen Heilung mehr ausgebildet ist als bei uns[38]. So sehr es wahr ist, daß diesbezügliche Geschichten aus dem Bereich südamerikanischer spiritistischer Bewegungen oder der philippinischen „Geistheiler" mit äußerster Vorsicht aufzunehmen sind, so gibt es doch manche erstaunlichen Berichte, die ernster Prüfung standhalten.

Der ungebildete Brasilianer Zé Arigó (gest. 1971) soll „in Tausenden von Fällen erfolgreich Medizinen verschrieben oder medialchirurgische Operationen durchgeführt haben". „Für seine Operationen verwendete er ein Federmesser; er operierte ohne Betäubung, aber schmerzfrei und unblutig, oft ohne richtig hinzusehen, im Gespräch mit anderen Patienten, aber mit sicherer Hand"[39]. Er fühlte sich dabei geführt vom Geist eines verstorbenen deutschen Arztes.

Es soll hier nicht der weltanschauliche Hintergrund Zé Arigós diskutiert werden. Wir können uns auch nicht mit der Frage befassen, was hinter der spiritistischen Interpretation seiner Kunst steckt; hier liegt einer der Fälle vor, bei dem manches für die spiritistische Erklärung spricht, so schwierig das auf den ersten Blick mit dem christlichen Weltbild vereinbar scheint[40]. Man kann jedenfalls – die Richtigkeit des Erzählten vorausgesetzt – kaum etwas anderes annehmen, als daß Arigó kranke Organismen auf paranormale Weise beeinflußt haben muß. Die „operative Tätigkeit", deren Art jedem Schulmediziner das blanke Entsetzen über den Rücken jagen würde, vor allem seine berühmten, ebenfalls mit einem gewöhnlichen, unsterilisierten Messer durchgeführten Augenoperationen, die öfters gefilmt wurden, kann wohl nur dadurch erklärt werden, daß durch die zwar äußerst geschickt durchgeführten, vom medizinischen Standpunkt jedoch völlig unsachgemäßen Manipulationen paranormale Energien wirksam wurden[41].

Noch mehr gilt das von den philippinischen Geistheilern, deren Hände, wie der Schweizer Psychiater und Parapsychologe Hans Naegeli-Osjord schreibt, bei ihren sogenannten Operationen „an der Oberfläche des Leibes" bleiben. „Organgewebe oder Organentsprechungen werden dann wie aus der Tiefe des Leibes angezogen. Nach der Entfernung schließt sich die Öffnung durch eine

Handbewegung narbenlos"[42]. Diese Heiler sind nicht zu Unrecht sehr umstritten. Man geht weithin davon aus, ihre „Operationen" seien durch Tricks vorgetäuscht. Auch Hans Bender neigt nach einer Forschungsreise zu einem bekannten Geistheiler eher zu dieser Annahme[43]. Es ist auch wahr, daß es bereits vorgekommen ist, daß Menschen ein Vermögen für eine Reise auf die Philippinen investiert haben, aber ebenso todkrank zurückgekehrt sind, wie sie hinfuhren. Ich glaube aber dennoch, daß die philippinische „Geistchirurgie" nicht einfach als Schwindel abgetan werden kann und daß auch durch sie paranormale Heilungen geschehen können.

Als letztes Beispiel noch ein Bericht von den heilenden Kräften eines südafrikanischen Stammeshäuptlings:

Ein Mädchen war von einer Schlange gebissen worden und lag sterbend in der Nähe eines „heiligen Baumes", in dessen Schatten der Stammeshäuptling oft betete. Er eilte sofort hin und sprach folgendes Gebet zu seinem Gott: „O großer Gott, laß mich mein sterbendes Schwesterchen heilen, denn wenn du ihr das Leben nicht wieder gibst, wird mein Volk den Glauben verlieren." Nach einer Weile der Sammlung und nochmaligem inbrünstigen Gebet folgte der Häuptling einer inneren Eingebung und stellte seinen Fuß auf den gebissenen Arm, der geschwollen und entzündet war. „Zur großen Verblüffung aller fuhr das Mädchen zusammen, stand auf, und die Zuschauer sahen die Schwellung und die Entzündung des Armes wie durch Zauber verschwinden ... Gleichzeitig sah man, daß die gefangene Natter sich zusammenringelte und starb. Dieser letzte Umstand beeindruckte die anwesenden Eingeborenen am meisten, weil er bewies, daß das Wunder von ihrem Gotte bewirkt worden war; die sofortige Heilung des Mädchens konnte dagegen als ein für sie gewohntes Ereignis gelten"[44].

Wie sind nun die bei diesen Heilungen wirksamen paranormalen Kräfte zu denken?

In solchen Fällen, bei denen ein starker suggestiver Anstoß die Heilung auslöst, wie es in dem von Hans Bender referierten Beispiel geschah, wird die Psyche in eine emotionale Situation versetzt, die von starker Hoffnung und von neuem Vertrauen auf die Genesung bestimmt ist. Dadurch vermag sie ihre Funktion, den Organismus zu gestalten und ihn bei Störungen (Krankheiten) als „heilende Kraft der Natur" neu zur Ganzheit zu integrieren, kraftvoller und wirksamer auszuüben. Diese Funktion wird dabei manchmal nicht nur verstärkt, so daß kaum mehr mögliche Heilungen doch noch geschehen oder sich der Heilungsvorgang beschleunigt, sondern es kommt auch vor, daß die Regeneration auf ganz ungewohnten und medizinisch unerklärlichen Wegen vor sich geht. Das Paranormale besteht darin, daß die Macht der Psyche über die Materie in einer der Naturwissenschaft unbekannten Weise erweitert ist.

In anderen Fällen muß man annehmen, daß vom Heiler oder von anderen paranormal begabten Menschen, die die Heilung miterleben, zusätzlich zur Suggestion ein direkter paranormaler Einfluß auf den Kranken ausgeübt wird. Manchmal fehlt die Suggestion überhaupt, ansonsten wäre die paranormale Heilung von Kleinkindern oder Bewußtlosen nicht möglich, ebenso auch nicht die bereits früher erwähnte paranormale Heilung von Tieren[45]. Bei derartigen Heilungen geschieht die Stimulierung der „heilenden Kraft der Natur", ihre Aktivierung zu einem paranormalen Heilvorgang, unmittelbar, ohne den Weg über das Bewußtsein des Kranken zu nehmen: es ist also auch der Kontakt vom Heiler zum Kranken bereits paranormal, es liegt etwas wie eine das Lebensprinzip des Kranken positiv beeinflussende PK vor. Bei den Operationen Zé Arigós geschahen die von den unbewußten Dimensionen seiner Psyche ausgelösten Psi-Vorgänge wohl gleichsam hinter seiner chirurgischen Tätigkeit als deren paranormale Tiefendimension. Analoges mag in manchen Fällen auch bei philippinischen Geistchirurgen gelten.

Es liegt freilich im Dunkel, wie die psychischen Kräfte hier organisierend auf die leiblichen Strukturen wirken, woher die dazu nötigen Energien kommen und welcher Art sie sind. Aber diese Frage stellt sich in analoger Form bereits im Bereich des Normalen. Im ersten Kapitel wurde bereits darauf hingewiesen, daß der Einfluß der menschlichen Seele auf den Leib zwar unserer täglichen Erfahrung gegeben und vertraut, in seiner Struktur aber letztlich nicht voll begreiflich ist. Auch die Steuerung des Aufbaues und Wachstums des Organismus vom embryonalen Stadium an durch das innere Formprinzip der Seele ist unserer Vernunft nur sehr umrißhaft verständlich. Bei den paranormalen Heilungen stehen wir in einer neuen und ungewohnten Weise vor der philosophischen Grundfrage nach dem Verhältnis des Geistig-Psychischen zum Materiellen. Wie in allen Psi-Phänomenen zeigt sich auch hier, daß die Seinsmacht des ersteren über das letztere größer ist, als unser Alltagsverstand und die Naturwissenschaften annehmen. Der Geist, die Seele, „braucht" zwar die Materie. Die Seele muß, um sein zu können, sich in ihr ausdrükken; sie erhebt sich dabei aber auch aus ihr und über sie – und die Paraphänomene lassen uns ahnen, bis zu welchem Grad das möglich ist.

Was den in fast allen Beispielen sichtbaren religiösen Hintergrund der paranormalen Heilungen betrifft, so zeigt sich darin, daß zum Wachwerden paranormaler Kräfte eine gläubige Grundhaltung des Menschen von großer Bedeutung ist. Wir stehen hier vor einem Zusammenhang, der bei den charismatischen Heilungen, die im folgenden Unterabschnitt besprochen werden, eine große Rolle spielt: die Gottesbeziehung setzt paranormale Heilkräfte frei. Das gilt offenbar auch dann, wenn sie vom christlichen Standpunkt aus gesehen auf einem unvollkommenen oder verzerrten Bild des Göttlichen beruht. Gott vermag auch durch Menschen wirksam zu werden, die eine unzureichende und teilweise irrige Vorstellung von ihm haben. Damit sind freilich die religiösen Lehren, die von den mit paranormaler Heilkraft begabten Menschen vertreten werden, *in ihren Einzelheiten* in keiner Weise bewiesen oder auch nur bekräftigt.

b) Charismatische Heilungen

Die These dieses Unterabschnittes dürfte aufgrund der Überlegungen zur außergewöhnlichen Heilung sowie der Aussagen zum Charisma der Prophetie bereits klar sein. Die medizinisch unerklärlichen Heilungen, die im Bereich der Pfingstbewegung und der Charismatischen Erneuerung geschehen, sind teilweise auf starke Suggestion, teilweise auch auf paranormale Kräfte zurückzuführen. Zwischen den charismatischen und den im vorigen

Unterabschnitt besprochenen paranormalen Heilungen besteht demnach, was die im Spiel befindlichen natürlichen Ursachen betrifft, kein wesentlicher Unterschied[46].
Freilich gilt hier auch der andere Zusammenhang, auf den wir bei der Besprechung der charismatischen Prophetie gestoßen sind und der anfanghaft und verzerrt übrigens auch, wie eben gesagt, bei vielen paranormalen Heilungen außerhalb eines direkt christlichen Kontextes besteht: *Dort, wo ein Mensch vom Geist Gottes erfüllt in überzeugtem Glauben lebt, werden unter Umständen in besonderem Maß heilende Kräfte lebendig.* Hier zeigt sich wiederum, daß der Mensch erst im Glauben an Gott zur Fülle seines Wesens gelangt, auch was seine Fähigkeit zur Aktivierung heilender Energien betrifft.
Daß durch den überzeugten Glauben entscheidende Impulse für den Aufbau eines affektiven Feldes gegeben sind, ist leicht zu sehen. Jeder Christ hat, so sein Glaube wahrhaftig ist, ein lebhaftes Interesse für die Nöte und Leiden seiner Mitmenschen. Durch das Neue Testament und die christliche Tradition, unter Umständen aber auch durch eigene Erfahrung, ist er davon überzeugt, daß aus dem Glauben heraus besondere Heilungen möglich sind. Er ist auch voll Eifer, daß dies immer wieder offenbar werde. Wenn er nun aus dieser emotionalen Lage heraus einem Kranken sagt, er solle sich ganz Gott anheimgeben, er werde dann auch leibliches Heil erfahren; wenn er ihm dann – eventuell unterstützt von einer in derselben Weise fühlenden Gruppe – die Hand auflegt, um ihm die Heilung zu vermitteln, dann kann ein starker suggestiver Effekt wirksam werden, der eine normale oder auch paranormale Heilung in Gang bringen kann. Der ganze Vorgang ist freilich getragen vom Gottesglauben, der unter Umständen auch dem Kranken geschenkt oder in ihm gestärkt wird. Der Glaube ist sozusagen der Mutterboden, aus dem alles erwächst: er gibt allen Beteiligten die Fähigkeit, sich den verborgenen Tiefenkräften der Schöpfung anzuvertrauen, aus der inneren Freiheit heraus, die er schenkt. Glaube ist aber, wie bereits ausgeführt, nur möglich, wenn Gott sich dem Menschen persönlich zuwendet. So entspringt der Heilungsvorgang letztlich dem kon-

kreten Wirken Gottes am Menschen. Er steht in der Intention der charismatischen Gruppen im Dienst der Glaubensverkündigung, da er die heilvolle Gegenwart Gottes bekräftigen soll: er ist deswegen eine *charismatische Heilung*.
Im folgenden sollen einige Beispiele für charismatische Heilungen referiert und überdacht werden.

Der amerikanische Arzt H. Richard Casdorph berichtet – mit Zitaten von Details aus der Krankengeschichte sowie Wiedergabe von Knochenszintigrammen – von einem Patienten, der an Knochenkrebs litt. Man versuchte, die Krankheit durch eine Hormonbehandlung einzudämmen, und gab ihm noch ein Jahr zu leben. Der Mann entschloß sich, an einem Heilungsgottesdienst der berühmten Baptistenpredigerin Kathryn Kuhlmann[47] teilzunehmen. Er berichtet: „Am Sonntagmorgen um 4.30 Uhr wachte ich in meinem Hotelzimmer auf, fiel auf die Knie, dankte und pries den Herrn, daß ich hier sein konnte, und flehte ihn um ein Wunder an. Plötzlich sah ich ein Gesicht. Ich wußte, es war Jesus Christus, offenbart durch den Heiligen Geist. Er sprach mich in hörbarer Stimme an und sagte mir, daß ich geheilt werden würde. Ich dankte ihm wieder. Zehn Minuten vor fünf Uhr ging ich wieder ins Bett und schlief in völligem Frieden ein." Beim Heilungsgottesdienst waren über 15 000 Menschen „und beteten, daß die Nöte aller, seien sie nun körperlicher oder geistiger Art, gestillt würden. Ich war von Hunderten von Menschen der vierte, der zum Altar ging, und Jesus Christus nahm mein Krebsleiden sofort von mir. Preis seinem heiligen Namen!" In den darauffolgenden medizinischen Untersuchungen wurde festgestellt, daß der Krebs zurückging, und bald war das Leiden spurlos verschwunden. Das Hormonpräparat, das der Mann noch längere Zeit nach dem Gottesdienst eingenommen hatte, kann dafür nicht der Grund gewesen sein. Es hätte den sicheren Tod höchstens hinausschieben können[48].

Man sieht hier einige Momente, die als entscheidend für eine charismatische Heilung bezeichnet wurden: das affektive Feld, das durch starke persönliche Hoffnungen und Erlebnisse sowie durch die Massenansteckung bedingt war sowie die offenkundig gegebene heilende Begabung der Evangelistin. Der ganze Heilungsvorgang entfaltet sich aber auf dem Hintergrund des Glaubens an die heilende Macht Jesu Christi. In diesem Glauben sind die Beteiligten verankert, sie leben in der Gegenwart Gottes und kommen gerade dadurch in jene Verfassung, die solche Heilungen ermöglicht.

Einer der spektakulärsten Fälle, den H. Richard Casdorph in seinem Buch referiert, verlief im wesentlichen so:

Es handelte sich um eine Patientin mit multipler Sklerose. „Zur Zeit ihrer Heilung war Marion zu schwach, um stehen zu können, zwei ihrer Extremitäten wiesen Deformierungen auf, ihr linker Arm war deformiert und verdreht. Sie hatte die Kontrolle über ihren Darm und ihre Blase verloren und mußte Windeln tragen . . . Sie konnte nur noch sehr schlecht sehen, manchmal sah sie doppelt, und ihr rechtes Gehör war erheblich geschwächt. Marion wurde während der Versammlung . . . wörtlich aus dem Stuhl gehoben, und alle diese Anomalien verschwanden von einem Augenblick zum anderen. Ihr stark deformierter linker Arm sprang wie ein Gummiband in seine richtige Form zurück"[49].

Dieser Fall erinnert in seiner Größenordnung an Lourdes-Wunder. Dort ist z. B. im Jahr 1952 ein Mann auf der Stelle von multipler Sklerose geheilt worden[50]. Diese Heilung wurde von der Ärztekommission in Lourdes als medizinisch unerklärlich deklariert und von der Kirche als Wunder anerkannt. So außergewöhnliche Fälle sind sicher in besonderer Weise ein Zeichen dafür, was den Menschen geschenkt werden kann, wenn sie sich vom Geist Gottes berühren und erfüllen lassen. Hier gilt das, was im vorigen Abschmitt zur Prophetie gesagt wurde, vielleicht noch mehr: In der Begegnung mit Gott entfalten sich die Fähigkeiten des Menschen immer weiter, geradezu ins Unabsehbare hinein, der Mensch findet in Gott in einer Weise zu sich, daß die engen Grenzen seines Wesens förmlich gesprengt erscheinen. Je mehr er Gott in sich Raum gibt, desto mehr vermag Gott in einer letztlich nicht mehr begreiflichen Weise gleichsam mehr aus ihm und durch ihn auch aus der Natur herauszuholen, als in ihnen grundgelegt ist. So bleiben zwar auch solche Heilungen im Prinzip Heilungen paranormaler Art, sie sind aber doch ein ganz besonders intensives Zeichen, daß die heilvolle Anwesenheit Gottes unter den Menschen die Schöpfung über sich hinaushebt.

c) Unzureichende theologische Deutungen charismatischer Heilungen

1. Wenn man die paranormalen Vorgänge bei charismatischen Heilungen undifferenziert als unmittelbar von Gott verursacht

einschätzt, wenn man also übersieht, daß sie an natürliche Bedingungen und Fähigkeiten gebunden sind, dann kann das in der seelsorglichen Praxis zu bedenklichen Konsequenzen führen, auf die man auch in pfingstlerischen und charismatischen Gruppen immer wieder stößt.

Wie soll man sich unter der Voraussetzung eines solchen unmittelbaren göttlichen Eingriffs erklären, daß eine von Gott erwartete und erbetene Heilung nicht eintritt? Es gibt auf diese Frage nur die eine Antwort: Gott habe die Heilung eben nicht gewähren wollen. Dafür müssen dann weitere Gründe gesucht werden.

– Vor allem in pfingstlerischen Gruppen wird vielfach angenommen, daß Gott jeden heilen will, der ihn vertrauensvoll darum bittet. Dennis J. Bennett schreibt über den Krebstod seiner ersten Frau: ",,Weshalb starb sie vorzeitig? Wollte Gott sie nicht heilen?' Unmöglich. Ich wußte, wenn Jesus in ihr Zimmer getreten wäre, hätte sie Ihn darum gebeten, und Er hätte sie augenblicklich und völlig geheilt . . . ,Gott ist doch allmächtig, weshalb heilte Er nicht? Gott kann alles.' Wir vergessen, daß Gott sich im Hinblick auf den Menschen in einer Hinsicht Grenzen auferlegte. Er hat dem Menschen den freien Willen gegeben und wird unsere Entscheidungen nicht übergehen. Wir sind es, die unbewußt Gottes Macht eingrenzen"[51]. Bei dieser Sicht der Dinge, die auch von Francis MacNutt, einem katholischen Vertreter der Charismatischen Erneuerung kritisiert wird[52], bleibt dann nur übrig, den Grund für das Nichteintreten einer Heilung im bewußten oder unbewußten *Mangel an Glauben* und an der rechten Einstellung zu Gott, sei es beim mit der Gabe zur Heilung Begabten, sei es beim zu Heilenden, sei es bei der Umgebung, zu suchen. Oft wird angenommen, der Fehler könne nur auf seiten des Kranken liegen – es sei angemerkt, daß Bennett dies nicht tut[53] –, viele Heiler sind sich, wohl auch aufgrund ihrer zahlreichen tatsächlichen und vermeintlichen Erfolge, ihres Glaubens sehr sicher. Es leuchtet ein, daß diese Sicht zu einer großen Belastung des Kranken werden kann. Zusätzlich zur enttäuschten Hoffnung kommt dann noch die lähmende Überzeugung, durch zum Teil sogar schuldhafte Mängel selbst die mögliche und von Gott angebotene Heilung verhindert zu haben.

Damit soll nicht gesagt sein, daß Glaubensmangel die Möglichkeit charismatischer Heilungen nicht tatsächlich einschränken kann. Das wird auch im Evangelium bezeugt (vgl. Mk 6,5). Ich wende mich nur gegen die einseitige und oft den Kranken Unrecht tuende Betonung dieses Zusammenhangs.

– Andere nehmen an, daß die Heilung in manchen Fällen ganz bewußt von Gott verweigert werde, weil die Krankheit einen *gottgegebenen Sinn* habe: „Durch die ganze Geschichte hindurch hat Gott Heilige zu erlösendem Leiden in Gemeinschaft mit dem Kreuz Christi berufen. Ist aber jemand berufen, um Gottes willen zu leiden, oder um einen Lernprozeß durchzumachen, oder aber gezüchtigt zu werden, so sollte er nicht um Heilung beten"[54]. Ich meine, man sollte mit diesem Versuch zu erklären, warum eine erbetene Heilung ausbleibt, sehr vorsichtig umgehen, obgleich er in der Geschichte der christlichen Spiritualität eine bedeutende Rolle spielte und vielfach heute noch spielt. Dagegen ist zu sagen: Gott will Krankheit und Leid nicht um ihrer selbst willen. In einer endlichen und vor allem in einer von der Sünde – auch der der gefallenen Engel – gezeichneten Welt[55] sind sie jedoch unvermeidlich. Sie lassen sich wohl teilweise verhindern, lindern und auch in vielen Einzelfällen beseitigen, aber nicht generell abschaffen. Gott befähigt uns dadurch, daß er sich in Jesus Christus, seinem Sohn, dieser Notwendigkeit selbst gestellt und sich vom Leiden selbst betreffen ließ, sowie durch die Gegenwart des Heiligen Geistes in unseren Herzen, das Leid mutig auf uns zu nehmen. Er läßt uns aber auch erfahren, daß durch den Glauben an seine Liebe konkretes Leid sich oft in geradezu wunderbarer Weise überwinden läßt. Wenn das aber nicht geschieht, dann bedeutet das nicht, daß Gott das Leid zu irgendeinem Zweck positiv will, daß er z. B. einen Menschen bewußt in seiner Krankheit beläßt, um ihn dadurch zu belehren oder zu strafen. Wohl setzt sich seine Liebe auch und gerade in Leid und Krankheit durch, aber erst, *nachdem* es diese dunklen Realitäten nun einmal gibt. Es gibt sie sicher nicht *dazu, damit* Gott durch sie seine Ziele erreichen kann, sondern Gott erreicht diese *trotz* ihrer.

– In der von mir vertretenen Sicht ist der Grund dafür, daß eine von Gott erwartete Heilung nicht eintritt, nicht von vornherein ein positives Nichtwollen Gottes, sondern zunächst das *Fehlen der natürlichen Voraussetzungen*. Gottes Wille findet nicht nur, wie Dennis J. Bennett sagt, am freien Willen des Menschen eine Grenze, die er sich selbst gesetzt hat, sondern auch an den Grundtatsachen seiner Schöpfung. Wie im vorigen gezeigt wurde, wirkt Gott bei charismatischen Vorgängen in besonderer Weise mit den Kräften seiner Schöpfung mit, er holt aus ihr Wirkungen heraus, die das für gewöhnlich Mögliche in manchen Fällen sogar sehr weit überbieten. Er sprengt aber nicht einfach die Naturgesetze, um den Menschen alles zu gewähren, was sie sich wünschen. So wird eine erwartete außergewöhnliche Heilung einer medizinisch unheilbaren Krankheit oft deswegen nicht eintreten, weil in den Beteiligten keine paranormalen Fähigkeiten schlummern[56], weil sich das affektive Feld nicht intensiv und dicht genug entfaltet oder weil zwischen einem bestimmten Heiler und einem bestimmten Kranken aus psychologischen Gründen keine suggestive Beziehung möglich ist.

2. Das Übersehen der natürlichen Ursachen und Kräfte, ohne die es keine charismatischen Heilungen gibt, führt zu unrealistischen Erwartungen. Wenn man annimmt, solche Heilungen würden unmittelbar durch Gottes Allmacht gewirkt, dann darf man eigentlich keinen Unterschied mehr machen zwischen „schweren" und „leichten" Fällen: für ein allmächtiges Wirken existiert dieser Unterschied nicht, es kann ohne jede Mühe alles schaffen was es will. Würde Gott in dieser Weise in die Welt eingreifen, dann könnte davon tatsächlich alles nur Denkbare erwartet werden, es wäre z. B. auch sinnvoll, für die Heilung aller Kranken auf der Erde auf einmal zu beten. Derartige Konsequenzen werden zwar kaum einmal gezogen, wir sind aber bereits auf Äußerungen gestoßen, die in diese Richtung weisen[57].

3. Eine andere theologische Fehldeutung paranormaler Heilungen im allgemeinen besteht darin, daß man sie zwar dort für unmittelbar gottgewirkt hält, wo volle Rechtgläubigkeit – im Sinn des eigenen Standpunktes – herrscht; treten sie aber in anderem Zusammenhang auf, werden sie als okkult dämonisiert. Kurt E. Koch glaubt z. B., aus diesem Grund hinter die Heilungen Kathryn Kuhlmans große Fragezeichen setzen zu müssen[58]. Weil er ihre theologischen Ansichten für unrichtig und ihr Auftreten für unbiblisch hält, plädiert er vorsichtig aber sehr eindeutig für eine „spiritistische" Deutung ihrer Heilungen, die er zum Teil – wohl nicht zu Unrecht – für eingebildet hält, zum Teil aber in ihrer Tatsächlichkeit und Unerklärlichkeit nicht bestreitet[59]. Spiritismus bedeutet aber bekanntlich nach Koch immer, daß die Dämonen die eigentlichen Ursachen der außergewöhnlichen Phänomene sind.

Auch die Lourdes-Heilungen kommen bei Koch nicht gut weg. Er vermutet, daß dort wegen des für ihn unbiblischen katholischen Marienglaubens und der nur „spiritistisch" – also okkultistisch-dämonisch – erklärbaren Marienerscheinungen vor allem Scheinwunder (aufgrund von Suggestion) und „dämonische Wunder" geschehen. Wenn es dort wirklich eine gottgewirkte Heilung geben sollte, dann „nicht wegen Lourdes, sondern trotz Lourdes"[60].

Noch schärfer geht Koch mit einigen der von mir behandelten Heiler ins Gericht, die ihre Kunst nicht als Charisma, nicht im Kontext der Glaubensverkündigung, ausüben, sondern einfach als Dienst an den Menschen, wenn auch zumeist mit religiösem, freilich mit Kochs Bibelverständnis unvereinbarem, Hintergrund[61]. Über Zé Arigó schreibt er: Seine „Heilungen sind kein Bluff, kein Schwindel. Es sind echte Operationen. Darum kamen heimlich, bis in die höchsten Regierungskreise hinein, Menschen zu ihm und ließen sich behandeln . . . Es sind die verheerenden Nebenwirkungen, die mich zur stärksten Warnung veranlassen. Heilungen des Leibes um den Preis des Seelenheils ist die Sache nicht wert"[62]. Arigó war nach Kochs Meinung besessen, und wer sich ihm anvertraute, verfiel der Gewalt des Teufels.

Bei aller Vorsicht, die solchen Heilungen vom medizinischen und psychologischen Standpunkt entgegenzubringen, bei aller Kritik, der der weltanschaulich-religiöse Hintergrund zu unterziehen ist: das Urteil Kurt E. Kochs ist, wie aus den Überlegungen in den beiden vorigen Unterabschnitten hervorgeht, unberechtigt. Solch harte Verdikte, die leider oft auch in den von Koch verurteilten charismatischen Gruppen beobachtet werden können, sind Zeichen einer sehr engen Sichtweise, die zwar scheinbar innere Sicherheit gibt, dabei aber doch ständig von Angst und Unruhe vor einer Erschütterung dieser Sicherheit bedroht ist. Beides ist in Kochs Büchern ständig beobachtbar.

d) Psychohygienische Überlegungen

Außergewöhnliche Heilungen beruhen sehr oft auch auf der Macht der Suggestion. So positiv die Suggestion wirken kann, so unverzichtbar sie auch bei ganz gewöhnlichen Heilungen zu sein scheint, sie kann doch auch gefährlich werden.

Sehr oft führt eine starke und gewalttätig ausgeübte Suggestion zwar zu einer kurzfristigen, subjektiv oft sehr stark empfundenen Besserung, der aber bald ein Rückfall folgt[63]. Das bringt für die Kranken auf alle Fälle seelische Probleme, die z. B. auch von Francis MacNutt doch recht bagatellisiert werden[64]. Sogar physische Schäden können entstehen, wenn Menschen, die sich geheilt glauben, objektiv aber nach wie vor krank sind, sich zuviel zutrauen.

Besonders gefährlich kann der suggestive Effekt bei Massenheilungsgottesdiensten werden. Hier werden die Emotionen sehr intensiv hochgeschaukelt, und die vielen dabei entstehenden bloß subjektiv empfundenen Erleichterungen der Leidenszustände ohne objektive Grundlage können überhaupt nicht mehr kontrolliert und seelsorglich aufgefangen werden. Gerade dann, wenn ein einen solchen Gottesdienst leitender Heilungsevangelist wirklich paranormale Gaben besitzt, glaubt er oft, so etwas brauche er gar nicht allzu intensiv zu bedenken, weil ja durch ihn die Kraft Gottes in der Menschenmenge wirke und schon für jeden einzelnen sorgen werde: ein verhängnisvoller Kurzschluß.

Klaus Thomas sagt aus ärztlich-pastoraler Erfahrung: „In Massenversammlungen . . . lassen sich auch Hochstimmungen züchten, die in einem psychiatrisch bekannten ‚Kipp-Phänomen' dann in depressive Verstimmungen oder gar noch ernstere seelische Krankheitserscheinungen umschlagen können." Thomas mußte in der von ihm geführten Ärztlichen Lebensmüdenbetreuung in Berlin mit seinen Mitarbeitern „einige hundert solcher Patienten behandeln"[65]. Er beklagt mit Recht, daß in den meisten Schriften über charismatische Heilung solche Dinge kaum besprochen werden.

Ein psychohygienisches Problem besteht auch darin, daß manchmal charismatische Heilungen auf der einen und medizinisch-psychotherapeutische Heilungen auf der anderen Seite gegeneinander ausgespielt werden. Diese Haltung hegte besonders stark die frühe Pfingstbewegung, wo man teilweise dezidiert lehrte, Gottes heilende Tätigkeit dürfe durch keine menschlichen Mittel unterstützt werden[66]. Häufiger noch als die Ablehnung der Medizin ist die Ablehnung der Psychotherapie. In einem Buch aus dem Kreis der „Geschäftsleute des vollen Evangeliums" scheint sie sogar im Untertitel der Abhandlung auf[67]. In bezug auf die Medizin fällt Francis MacNutt ein eindeutiges Urteil: „Immer wieder haben Enthusiasten versucht, Gottes Schöpfung und das Übernatürliche gegeneinander auszuspielen. Diese falsche Alternative fügt leidenden Menschen nur zusätzlichen Schaden zu und begünstigt eine völlig unnötige Kontroverse mit den Naturwissenschaften. Letztlich führt sie zur gegenseitigen Verdächtigung von Glaube und Wissenschaft"[68]. Auch zur Psychotherapie hat MacNutt – und viele andere Vertreter der Charismatischen Erneuerung – ein grundsätzlich positives Verhältnis[69].

e) Das Charisma der Heilung als Geschenk Gottes

Im Gegenzug zu den Hinweisen auf die Gefahren charismatischer Heilpraxis sei zum Schluß klar festgestellt: Ich halte das Charisma der Heilung für eine beglückende Gabe Gottes. In ihm erweist sich, wie sehr für den Menschen Gottesbeziehung und Heilsein seiner Person zusammenhängen. Es gibt in diesem irdischen Leben zwar noch nicht die vollendete Gemeinschaft zwischen Gott und Mensch; aber sie ist bereits anfanghaft da im Dunkel des Glaubens. Es gibt auf Erden auch noch nicht die volle Integration aller Dimensionen der menschlichen Existenz: vieles in dieser ist zerrissen und krank; aber im Glauben beginnt schon diese Integration: daß ein Kranker aus dem Glauben heraus geheilt wird, ist ebenso ein Indiz dafür, wie daß jemand aus dem Glauben heraus die Gabe der Heilung bekommt. So ist jede charismatische Krankenheilung ein Zeichen dafür, daß Gott in der Mitte der Menschen wirkt, daß er sich gegen ihr Mißtrauen ihm gegenüber durchsetzt, indem er ihr Vertrauen gewinnt und sie erfahren läßt, wie die Welt aussieht, wenn die Menschen ihre Hoffnung auf ihn setzen. In den charismatischen Heilungen bekundet sich, daß das Reich Gottes, seine Herrschaft, verborgen bereits da ist: Gott „herrscht" über die Menschen, aber nicht mit Gewalt, sondern durch die Demut seiner Liebe, die die Herzen der Menschen öffnet und dort, wo sie sich auf ihn einlassen, sich auch als heilvoll für alle Dimensionen des Menschseins erweist.

Paranormale Heilungen sind kein Beweis dafür, daß Gott sich dort, wo sie geschehen, den Menschen offenbart. Es handelt sich hier zunächst um das Wirksamwerden geschöpflicher Kräfte, die nicht unbedingt nur dort vorkommen, wo der Mensch im Glauben an Gott lebt. Es läßt sich aber umgekehrt sagen: Wo Menschen lebendig an Gott glauben, wird es auch immer wieder paranormale Heilungen geben, die mit Recht charismatisch genannt werden, da sie aus der Kraft des Glaubens erwachsen. Diese charismatischen Heilungen sind oft von staunenswerter Dynamik. In ihnen zeigt sich, wie intensiv Gott durch die Menschen, die sich ihm anheimgeben, in die Schöpfung hineinwirken kann, welche Kräfte der von Gott geschenkte Glaube freisetzt.

So sind charismatische Heilungen zwar kein Beweis, wohl aber eine Bekräftigung für die Wahrheit des Glaubens. Sie sind eine Manifestation des menschenfreundlichen Gottes, der durch seine Gegenwart unter den Menschen die heilende Macht der Schöpfung in ungeahnter Weise entbindet.

ANMERKUNGEN

Zum ersten Kapitel

1) Zur ausführlichen Information über die Parapsychologie sei auf folgende Bücher verwiesen: H. Bender (Hg.), Parapsychologie. Entwicklung, Ergebnisse, Probleme, Darmstadt 1966; G. Condrau (Hg.), Psychologie der Kultur II (Kindlers „Psychologie des 20. Jahrhunderts", Weinheim-Basel 1982); vgl. auch die populärwissenschaftliche Reportage von P. Uccosic, PSI-Resümee. Eine Bestandsaufnahme der neuesten Forschungen jenseits von Materie, Raum und Zeit, Ullstein-Buch 3405, Frankfurt 1978.
2) L. E. Rhine, PSI – was ist das? Eine Einführung in die Denk- und Arbeitsweise der Parapsychologie, Goldmann-Taschenbuch 11712, ²1982, 21.
3) Ebd., 86.
4) Vgl. z. B. O. Prokop – W. Wimmer, Der moderne Okkultismus. Parapsychologie und Paramedizin. Magie und Wissenschaft im 20. Jahrhundert, Stuttgart 1976.
5) H. Bender, Verborgene Wirklichkeit. Aufsätze zur Parapsychologie III, hg. v. E. Bauer, München–Zürich 1985, 25.
6) Vgl. L. E. Rhine, a. a. O., 35f.
7) Vgl. ebd., 36.
8) Vgl. H. Bender, a. a. O., 28.
9) Vgl. E. Schwab, Faszinosum und Mystik bei Immanuel Kant und Sigmund Freud, in: A. Resch (Hg.), Mystik, Imago mundi V, Innsbruck ²1984, 211–214.
10) Vgl. L. E. Rhine, a. a. O., 19f.
11) Vgl. W. H. C. Tenhaeff, Der Blick in die Zukunft. „Präkognition", Moewig-Sachbuch 3179, Berlin 1976, 26f.
12) Vgl. H. Bender, Okkulte Welle und Parapsychologie als Wissenschaft, in: O. Schatz (Hg.), Parapsychologie. Ein Handbuch, Graz–Wien–Köln 1976, 29.
13) Vgl. H. Bender, Verborgene Wirklichkeit, 32f; L. E. Rhine, a. a. O., 61–85; 338–350; Kartensätze im Anhang.
14) H. Bender, a. a. O., 33.
15) E. Benz, Das Okkulte in der Sicht der religiösen und wissenschaftlichen Erfahrung, in: O. Schatz, a. a. O., 50.
16) Vgl. W. H. C. Tenhaeff, Zur Persönlichkeitsstruktur der Paragnosten, in: O. Schatz, a. a. O., 116.
17) Vgl. ebd., 118f.
18) Vgl. W. H. C. Tenhaeff, Der Blick in die Zukunft, 123–164. – Tenhaeffs Versuchsergebnisse sind freilich nicht unumstritten: vgl. P. H. Hoebens, Vom Lob der Genauigkeit in der Parapsychologie, in: Zeitschrift für Parapsychologie und Grenzgebiete der Psychologie 22 (1980), 225–234.
19) H. Bender, a. a. O., 39.
20) Vgl. W. H. C. Tenhaeff, Zur Persönlichkeitsstruktur der Paragnosten, a. a. O., 116f.

21) Vgl. ebd., 119.
22) Vgl. H. Bender, a. a. O., 39
23) H. Bender, Okkulte Welle, a. a. O., 26. – Zum ganzen Problembereich der Psychokinese vgl. H. C. Berendt, Jenseits des Möglichen? Einführung in die Psychokinese, Herder-Bücherei 1225, Freiburg 1986.
24) Vgl. H. Bender, Telepathie, Hellsehen und Psychokinese. Aufsätze zur Parapsychologie I, München–Zürich ⁵1984, 25.
25) Ebd.
26) Vgl. ebd., 26.
27) Ebd., 25.
28) Vgl. ebd., 26.
29) H. Bender, Umgang mit dem Okkulten, Freiburg 1984, 53.
30) Vgl. L. E. Rhine, a. a. O., 166–168; P. Uccosic, a. a. O., 30–58; weiters J. B. Hasted, Psychokinetisches Metallbiegen, in: E. Bauer – W. v. Lucadou (Hg.), Psi – was verbirgt sich dahinter? Wissenschaftler untersuchen parapsychologische Erscheinungen, Herder-Bücherei 1150, Freiburg 1985, 103–122; ausführlich H. C. Berendt, a. a. O.
31) H. Bender – R. Vandrey, Psychokinetische Experimente mit dem Berner Graphiker Silvio, in: Zeitschrift für Parapsychologie 18 (1976), 217–241.
32) Vgl. H. Bender, Okkulte Welle, a. a. O., 32; J. Eisenbud, Gedankenfotografie, Freiburg 1975. – Auch von Silvio wird ein derartiges Phänomen berichtet: vgl. H. Bender – R. Vandrey, a. a. O., 227.
33) H. Bender, Okkulte Welle, a. a. O., 33.
34) Ebd.
35) Vgl. L. E. Rhine, a. a. O., 170f.
36) Ebd., 177.
37) Vgl. ebd., 182f.
38) Vgl. ebd., 183–186.
39) H. Bender, Umgang mit dem Okkulten, 57.
40) H. Bender, Spuk – Täuschungen und Tatsachen, in: E. Bauer – W. v. Lucadou, a. a. O., 135f.
41) Ebd., 136.
42) Vgl. H. Bender, Verborgene Wirklichkeit, 49.
43) H. Bender, Umgang mit dem Okkulten, 63.
44) Vgl. H. Bender, Spuk, a. a. O., 141.
45) Vgl. ebd., 140.
46) Vgl. H. Bender, Verborgene Wirklichkeit, 47.
47) Vgl. das – allerdings eher unkritisch zusammengetragene und sehr einseitig interpretierte – Material bei B. Grabinski, Spuk und Geistererscheinungen, Graz o. J.
48) Vgl. F. Moser, Spuk – ein Rätsel der Menschheit, Olten–Freiburg 1977; W. G. Roll, Der Poltergeist, Freiburg 1976.
49) Zit. in B. Grabinski, a. a. O. 123f.
50) Vgl. W. P. Mulacz, Der sogenannte wissenschaftliche Spiritismus als parapsychologisches Problem, in: O. Schatz, a. a. O., 260; Reproduktion der Fotografie bei B. Grabinski, a. a. O., neben 352.
51) Ebd., 353f.

52) Vgl. ein Beispiel für eine solche Deutung bei H. Bender, Umgang mit dem Okkulten, 69.
53) Ebd., 72.
54) H. H. Price, zit. ebd., 70; vgl. den kurzen Überblick über verschiedene Erklärungshypothesen bei W. P. Mulacz, a. a. O., 259–266.
55) Vgl. etwa H. Bender, Hans Berger und die energetische Theorie der Telepathie, in: Telepathie, Hellsehen und Psychokinese, 31–39.
56) Vgl. W. v. Lucadou, Parapsychologie und Physik, in: E. Bauer – W. v. Lucadou, a. a. O., 77–102; H. Berendt, Sprung über die Zeit. Vorschau in parapsychologischer Sicht, Herder-Bücherei 1142, Freiburg 1985, 101–105.
57) Aufgrund des Selbstbewußtseins und der Weltoffenheit des Menschen bezeichnen wir seine Seele als geistig. Den Tieren kommt zwar Bewußtsein zu, aber kein Selbstbewußtsein; sie können Dinge wahrnehmen, aber nicht in ihrem Sinn und ihrer Objektivität erkennen; sie können willkürlich agieren, aber nicht frei handeln; sie erleben Affekte, aber nicht als sinnvolle Antworten auf die Wirklichkeit: die Tierseele ist ungeistig.
58) Vgl. zum folgenden A. Neuhäusler, Präkognition, Zeit und Freiheit, in: H. Bender (Hg.), Parapsychologie, 797–809; H. Berendt, a. a. O., 106–119.
59) Vgl. in diesem Zusammenhang die Synchronizitätshypothese von C. G. Jung: C. G. Jung – H. Pauli, Naturerklärung und Psyche, Zürich 1952; dazu M.-L. v. Franz, Ein Beitrag zur Diskussion der Synchronizitätshypothese C. G. Jungs, in: E. Bauer – W. v. Lucadou (Hg.), Spektrum der Parapsychologie, Freiburg 1983, 94–104. – Die Synchronizitätshypothese ist zwar sehr anregend, scheint mir aber doch mehr Probleme aufzuwerfen als zu lösen.
60) Vgl. G. Walther, Die Reichweite menschlichen Erlebens, in: A. Resch, a. a. O., 238f., 242–244.
61) Verwiesen sei auf einen spiritistischen „Klassiker": E. Matthiesen, Das persönliche Überleben des Todes. Eine Darstellung der Erfahrungsbeweise, 3 Bde., Berlin ²1968.
62) Vgl. W. H. C. Tenhaeff, Kontakte mit dem Jenseits? Der Spiritismus-Report, Berlin o. J.
63) H. Bender, Telepathie, Hellsehen und Psychokinese, 88.
64) H. Bender, Umgang mit dem Okkulten, 72.

Zum zweiten Kapitel

1) Vgl. zum folgenden H. D. Betz – H. L. König, Über die Empfindlichkeit des Menschen auf Erdstrahlen, in: E. Bauer – W. v. Lucadou (Hg.), Spektrum der Parapsychologie, Freiburg 1983, 57–70; H. L. König, Unsichtbare Welt, Eigenverlag, München ³1981.
2) H. D. Betz – H. L. König, a. a. O., 68.

3) K. Bachler bestimmt diese „Erdstrahlen" als eine durch verschiedene unterirdische Ursachen (Wasseradern, geologische Verwerfungen, Spalten . . .) hervorgerufene Störung der lebenswichtigen normalen Strahlung der Erde (vgl. Der gute Platz, eine große Hilfe für die Gesundheit an Körper, Seele und Geist, Eigenverlag, o. J., 38).
4) H. D. Betz – H. L. König, a. a. O., 66.
5) Ebd.
6) Vgl. W. F. Bonin, Lexikon der Parapsychologie und ihrer Grenzgebiete, Fischer-Taschenbuch 4500, Frankfurt 1981, 420; L. E. Rhine, PSI – was ist das? Eine Einführung in die Denk- und Arbeitsweise der Parapsychologie, Goldmann-Taschenbuch 11712, ²1982, 155.
7) H. D. Betz – H. L. König, a. a. O., 69.
8) H. Bender, Umgang mit dem Okkulten, Freiburg 1984, 86f.
9) Vgl. ebd., 87.
10) Vgl. zum Kristallsehen H. Bender, Zur Geschichte des „Kristallsehens" und seiner Verwendung im Laboratorium, in: Verborgene Wirklichkeit, Aufsätze zur Parapsychologie III, hg. v. E. Bauer, München–Zürich 1985, 122–148; Zitat: 146.
11) Vgl. W. F. Bonin, a. a. O., 269.
12) Vgl. ebd., 107.
13) H. Bender, Umgang mit dem Okkulten, 44.
14) Vgl. ebd., 44; L. E. Rhine, a. a. O., 150.
15) Vgl. H. Bender, a. a. O.
16) Ebd., 43.
17) Ebd.
18) Vgl. H. Bender, Mediumistische Psychosen, in: Telepathie, Hellsehen und Psychokinese, Aufsätze zur Parapsychologie I, München–Zürich ⁵1984, 94–123; ders., Psychische Automatismen. Zur Experimentalpsychologie des Unterbewußten und der außersinnlichen Wahrnehmung, Leipzig 1936.
19) H. Bender, Umgang mit dem Okkulten, 45.
20) Vgl. H. Bender, Telepathie, Hellsehen und Psychokinese, 117–122.
21) Vgl. ebd., 104–122.
22) Ebd., 121; die psychopathologischen Ausführungen H. Benders zum Thema können nicht wiedergegeben werden, da dies unseren Rahmen sprengen würde.
23) Vgl. ebd., 96f.
24) Ebd., 78; zu Mrs. Piper vgl. auch W. H. C. Tenhaeff, Kontakte mit dem Jenseits? Der Spiritismus-Report, Berlin o. J., 186–203.
25) Ebd., 202.
26) H. Bender, a. a. O., 82.
27) Vgl. ebd.; vgl. auch W. H. C. Tenhaeff, a. a. O., 196–203.
28) H. Bender, a. a. O., 84.
29) Vgl. ebd., 84f.
30) Vgl. zum folgenden G. Holtz, Die Faszination der Zwänge. Aberglaube und Okkultismus, Göttingen 1984, 17–23.
31) Vgl. W. F. Bonin, a. a. O., 529.
32) Vgl. ebd., 446.

33) Vgl. G. Holtz, a. a. O., 21.
34) Zit. nach W. C. van Dam, Okkultismus und christlicher Glaube, Schorndorf 1981, 54f.
35) Verschiedene Möglichkeiten bei F.-W. Haack, Aberglaube – Magie – Zauberei, München 1977, 20f.
36) F.-W. Haack, Satan – Teufel – Luzifer. Was ist davon zu halten? München ²1977, 27; vgl. H. Haag, Teufelsglaube, Tübingen 1974, 444–447, G. Holtz, a. a. O., 108f.
37) F.-W. Haack, Aberglaube, 21. – Dieses Bündnis konnte nach Meinung von niemand Geringerem als Thomas von Aquin auch sexuelle Beziehungen einschließen (vgl. Summa theologiae I, q 52, a 3, ad 6). Diese Meinung war durch Jahrhunderte hindurch selbstverständlich.
38) Papst Innozenz VIII. gab dazu von höchster Stelle den Befehl durch seine berüchtigte „Hexenbulle" aus dem Jahr 1484.
39) Vgl. J. Kruse, Hexen unter uns? Hamburg 1951; H. Schäfer, Der Okkulttäter, Hamburg 1959; I. Schöck, Hexenglaube in der Gegenwart. Empirische Untersuchungen in Südwestdeutschland, Tübingen 1978.
40) Vgl. dazu G. Zacharias. Der dunkle Gott. Die Überwindung der Spaltung von Gut und Böse. Satanskult und Schwarze Messe, Wiesbaden – München ³1982, 79f.
41) Vgl. dazu H. Haag, a. a. O., 472–476.
42) Vgl. die Wiedergabe einiger Aktenstücke bei G. Zacharias, a. a. O., 149–159.
43) Ebd., 162.
44) Vgl. dazu H. Haag, a. a. O., 492–501; G. Zacharias, a. a. O., 171–228.
45) Zum folgenden vgl. H. Knaut, Das Testament des Bösen. Kulte, Morde, Schwarze Messen – Heimliches und Unheimliches aus dem Untergrund, Stuttgart 1979, 132–199; F.-W. Haack, Von Gott und der Welt verlassen. Der religiöse Untergrund in unserer Welt, Düsseldorf–Wien, 1974, 116–134.
46) Vgl. H. Knaut, a. a. O., 133.
47) F.-W. Haack, a. a. O., 132.
48) Vgl. H. Knaut, a. o. O., 158–165; 173–178.
49) Vgl. E. Sanders, The Family. Die Geschichte von Charles Manson und seiner Strand-Buggy-Streitmacht, Reinbek 1972.
50) Das hat die Tiefenpsychologie deutlich gemacht: vgl. W. Bitter, Die medizinische Psychologie und die „geistigen" Heilungen, in: W. Bitter (Hg.), Magie und Wunder in der Heilkunde, Stuttgart 1959, 10–28, bes. 18–21.
51) Vgl. Anm. 39 u. G. Holtz, a. a. O., 131.
52) Vgl. E. Bozzano, Übersinnliche Erscheinungen bei Naturvölkern, Sammlung Dalp 52, Bern 1948, 148–151.
53) Vgl. ebd., 141f.
55) Ebd., 171.
56) Vgl. die beiden Beispiele ebd., 174–177.
57) Vgl. I, 3.
58) Vgl. die Mitteilung H. Benders an I. Schöck: I. Schöck, a. a. O., 18f.

Zum dritten Kapitel

1) Thomas von Aquin, Summa theologiae II II, q 95, a 2, c.
2) Vgl. ebd., q 96, a 2.
3) Das beweisen z. B. die Augustinus-Zitate an den eben herangezogenen Stellen aus der Summa theologiae.
4) Vgl. H. Denzinger – A. Schönmetzer, Enchiridion symbolorum definitionum et declarationum de rebus fidei et morum, Freiburg ^{33}1965, Nr. 2824f., 3642.
5) M. Waldmann, Parapsychologie, in: Lexikon für Theologie und Kirche VII, Freiburg 1935, 963.
6) Vgl. Nachkonziliare Dokumentation, Bd. 55, Trier 1977, 41.
7) Vgl. G. Siegmund, Der Mensch zwischen Gott und Teufel, Stein a. Rhein 1978, 8.
8) Vgl. G. Siegmund, Daemonologie heute, in: E. v. Petersdorff, Daemonologie I, Stein a. Rhein ^{2}1982, 402.
9) Vgl. G. Siegmund, Der Mensch zwischen Gott und Teufel, 9f.
10) B. Günther, Satan, der Widersacher Gottes, Aschaffenburg 1972, 159.
11) Ebd., 161.
12) Vgl. ebd.
13) E. v. Petersdorff, Daemonologie, Bd. 1: Daemonen im Weltplan; Bd. 2: Daemonen am Werk, Stein a. Rhein ^{2}1982.
14) K. E. Koch, Seelsorge und Okkultismus. Eine Untersuchung unter Berücksichtigung der Inneren Medizin, Psychiatrie, Psychologie, Tiefenpsychologie, Religionspsychologie, Parapsychologie, Theologie, Basel ^{25}1982.
15) Vgl. ebd., 254 f.
16) Ebd., 302.
17) Vgl. ebd., 433.
18) Vgl. ebd., 254 f.
19) Ebd., 436; vgl. auch K. E. Koch, Okkultes ABC. Ergänzungsband zum Buch „Seelsorge und Okkultismus", Aglasterhausen 1984, 475–481.
20) W. C. van Dam, Okkultismus und christlicher Glaube, Schorndorf 1981.
21) Ebd., 97.
22) Vgl. G. Siegmund, a. a. O., 9f.
23) W. C. van Dam, a. a. O., 111.
24) Vgl. dazu E. Ringel – A. Kirchmayr, Religionsverlust durch religiöse Erziehung. Tiefenpsychologische Ursachen und Folgerungen, Freiburg 1985.
25) Vgl. W. C. van Dam, a. a. O., 81–97.
26) Belege dazu im kommenden Abschnitt.
27) Vgl. dazu H. Haag, Teufelsglaube, Tübingen 1974, und zwar die Beiträge: Dämonen und Satan im Alten Testament (141–269; mit Ausnahme eines Kapitels verfaßt von H. Haag) sowie: Satan und das Böse im Neuen Testament (271–388; verfaßt von M. Limbeck); K. Kertelge, Teufel, Dämonen, Exorzismen in biblischer Sicht, in: W. Kasper – K. Lehmann (Hg.), Teufel – Dämonen – Besessenheit. Zur Wirklichkeit des Bösen, Mainz 1978, 9–39; R. Schnackenburg, Das Problem des Bösen in der Bi-

bel, in: R. Schnackenburg (Hg.), Die Macht des Bösen und der Glaube der Kirche, Düsseldorf 1979, 11–32; K. P. Fischer – H. Schiedermair, Die Sache mit dem Teufel. Teufelsglaube und Besessenheit zwischen Wahn und Wirklichkeit, Frankfurt 1980.
28) R. Schnackenburg, a. a. O., 27.
29) K. Kertelge, a. a. O., 14.
30) Im Alten Testament bildete der Dämonenglaube eine Randerscheinung: vgl. dazu H. Haag, a. a. O., 166–180.
31) Vgl. ebd., 218–246.
32) O. Böcher, in: H. Balz – G. Schneider (Hg.), Exegetisches Wörterbuch zum Neuen Testament I, Stuttgart 1980, 650; vgl. auch W. C. van Dam, Dämonen und Besessene. Die Dämonen in Geschichte und Gegenwart und ihre Austreibung, Aschaffenburg ²1975, 16–30.
33) Ich stehe hier in relativem Gegensatz zur Position von M. Limbeck im Buch von H. Haag.
34) Vgl. K. Kertelge, a. a. O., 26.
35) Vgl. ebd., 32.
36) W. C. van Dam, a. a. O., 173 f.
37) Ebd., 112.
38) Vgl. K. E. Koch, Besessenheit und Exorzismus, Basel o. J., 45–59.
39) Vgl. W. C. van Dam, a. a. O., 182f.
40) Vgl. ebd., 185–199.
41) Vgl. ebd., 183–185; vgl. auch K. E. Koch, a. a. O., 109f.
42) Vgl. W. C. van Dam, a. a. O., 190.
43) Vgl. ebd., 193–195.
44) Vgl. ebd., 197. – Vgl. auch das Beispiel bei K. E. Koch, a. a. O., 161–164: in diesem Beispiel wird Besessenheit aufgrund von Persönlichkeitsspaltungstendenzen diagnostiziert.
45) W. C. van Dam, a. a. O., 217f.
46) Vgl. ebd., 217.
47) Ebd., 218.
48) Vgl. ebd., 219–230.
49) Ebd., 230.
50) Vgl. ebd., 115–123. – Ich habe die körperlichen Symptome (vgl. ebd., 123–131) übergangen.
51) Vgl. Anm. 41–43.
52) Vgl. K. E. Koch, a. a. O., 14; 161–164.
53) Vgl. Rituale Romanum, titulus XII, cap. 1.
54) Vgl. ebd., cap. 2.
55) Vgl. ebd., cap. 3.
56) Schreiben der Kongregation für die Glaubenslehre vom 29. Sept. 1985 an alle Bischöfe; vgl. dazu Herder Korrespondenz 40 (1986), 158f.
57) A. Rodewyk, Die dämonische Besessenheit in der Sicht des Rituale Romanum, Aschaffenburg ²1975, 107.
58) Vgl. ebd.
59) Vgl. ebd.
60) Vgl. C. Balducci, Priester, Magier, Psychopathen. Grenze zwischen Wahn und Teufel, Aschaffenburg 1976, 210.

61) Vgl. ebd., 222–224.
62) Vgl. G. Siegmund, Nachwort zu E. v. Petersdorff, Daemonologie I, 408.
63) Vgl. ebd., 417–419.
64) Vgl. ebd., 382 f. – G. Siegmund stützt sich auf J. A. Zimmermann, Johann Joseph Gassner, der berühmte Exorzist. Sein Leben und wundersames Wirken aus Anlaß seiner hundertjährigen Totenfeier neuerdings erzählt und gewürdigt von J. A. Z., Kempten 1879.
65) Vgl. G. Siegmund, a. a. O., 382–386.
66) Vgl. L. J. Suenens, Erneuerung und die Mächte der Finsternis, Salzburg 1983, 73–76.
67) Vgl. ebd., 69.
68) Diese fundamentalistische Ausrichtung kennzeichnet freilich nicht die Charismatische Erneuerung im ganzen.
69) Vgl. dazu J. Mischo, „Dämonische Besessenheit". Zur Psychologie irrationaler Reaktionen, in: W. Kasper – K. Lehmann, a. a. O., 108 f.; ders., Ein interdisziplinärer Zugang zum Thema „Dämonische Besessenheit", in: Zeitschrift für Parapsychologie und Grenzgebiete der Psychologie 27 (1985), 130–153.
70) Vgl. I, 2.
71) Konkretes dazu in den bereits zitierten Büchern: W. C. van Dam, a. a. O.; K. E. Koch, a. a. O.; vom religionswissenschaftlichen Standpunkt aus: T. K. Oesterreich, Die dämonische Besessenheit, Langensalza 1921; die ausführlichste und genaueste Fallschilderung findet sich bei A. Rodewyk, Dämonische Besessenheit heute. Tatsachen und Deutungen, Aschaffenburg 1966.
72) Vgl. den für die USA gültigen psychiatrischen Diagnosenschlüssel der American Psychiatric Association: Diagnostic and Statistic Manual of Mental Disorders, Washington D. C., ^{3}1980, 259. – Die seit 1970 sich immer mehr entfaltende Erforschung dieser Form von Persönlichkeitsspaltung, die mit Schizophrenie im bei uns üblichen Sinn des Begriffs nichts zu tun hat, wird von den in den beiden vorigen Unterabschnitten zitierten Autoren (C. Balducci, A. Rodewyk, G. Siegmund, W. C. van Dam, K. E. Koch) nicht oder kaum in die Betrachtung der Besessenheit einbezogen. Ähnliches gilt auch von H. Naegeli-Osjord, Besessenheit und Exorzismus, Remagen 1983 (vgl. bes. 59–64).
73) Vgl. J. Mischo, a. a. O., 123 f.; Mischo stützt sich auf C. H. Thipgen – H. M. Cleckley, The three Faces of Eve, London 1957.
74) Vgl. zum zugegebenerweise sehr vereinfacht und verkürzt Gesagten J. Mischo, a. a. O., 120–133. – Die genaue Analyse eines konkreten Falles, der viel Aufsehen erregte, mit dem Tod der „Besessenen" endete und ein gerichtliches Nachspiel hatte, findet sich bei J. Mischo – U. Niemann, Die Besessenheit der Anneliese Michel (Klingenberg) in interdisziplinärer Sicht, in: Zeitschrift für Parapsychologie 25 (1983), 129–193; vgl. dazu auch K. P. Fischer – H. Schiedermair, a. a. O., 38–92; 99–104.
75) C. Balducci, a. a. O., 219.
76) J. Mischo, „Dämonische Besessenheit", a. a. O., 109.
77) Vgl. II, 3 b.

78) Die Frage ist umstritten. W. P. Mulacz vermutet bei aller Verschiedenheit doch eine gewisse gemeinsame Wurzel: vgl. Der sogenannte wissenschaftliche Spiritismus als parapsychologisches Problem, in: O. Schatz (Hg.), Parapsychologie. Ein Handbuch, Graz–Wien–Köln 1976, 248.
79) Vgl. J. Mischo, a. a. O., 129–132.
80) J. Höffner, in: Teufel – Besessenheit – Exorzismus. Themen und Thesen 8, Presseamt des Erzbistums Köln, 1979, 24 f.
81) Vgl. in diesem Kapitel 2 a.
82) Vgl. 2 b.
83) Am konsequentesten führt in dieser Hinsicht das fundamentalistische Bibelverständnis H. E. Freeman durch: vgl. Befreiung aus dem Netz des Okkultismus, Urbach o. J. (amerikanische Ausgabe: Plainfield 1974). Hier werden viele körperliche Krankheiten, alle psychischen Störungen und alle paranormalen Phänomene dämonologisch erklärt.
84) Vgl. 2 c.
85) Vgl. H. Denzinger – A. Schönmetzer, a. a. O., Nr. 800.
86) Vgl. H. Schlier, Mächte und Gewalten im Neuen Testament, Freiburg ³1963.
87) Vgl. K. Rahner, Über Engel, in: Schriften zur Theologie 13, Zürich–Einsiedeln–Köln 1978, 381–428.
88) Die folgenden Gedanken berühren sich in manchen Punkten mit W. Kasper, Das theologische Problem des Bösen, in: W. Kasper – K. Lehmann, a. a. O., 41–69; vgl. auch H. Mühlen, Erfahrung des Bösen und Unterscheidung der Geister. Auf dem Weg zu einer neuen Praxis der Befreiung, in: Erneuerung in Kirche und Gesellschaft 21 (1984), 9–18. – Ich bin freilich weniger optimistisch als H. Mühlen bezüglich der unmittelbaren Wahrnehmbarkeit der Mächte des Bösen. – Vgl. auch Winklhofer, Traktat über den Teufel, Frankfurt 1961, bes. 22–24; 71–103.
89) Vgl. W. Kasper, a. a. O., 51–55.
90) Auch H. Mühlen warnt davor, Dämonen als lokalisierbares Gegenüber zu verstehen und mit „du" anzureden: vgl. a. a. O., 10; 16. – Die jüngsten Aussagen von Papst Johannes Paul II. zur Dämonologie wurden erst während der Drucklegung dieses Buches gemacht und konnten deshalb nicht mehr berücksichtigt werden.

Zum vierten Kapitel

1) Vgl. II, 3.
2) Vgl. W. P. Mulacz, Der sogenannte wissenschaftliche Spiritismus als parapsychologisches Problem, in: O. Schatz (Hg.), Parapsychologie. Ein Handbuch, Graz–Wien–Köln 1976, 187–283. – Manchmal wird auch offensichtlich personengebundener Spuk auf Verstorbene zurückgeführt, wozu überhaupt kein Anlaß besteht. Vgl. z. B. E. Kudera, Arme Seelen erscheinen in Oberschlesien 1945/46. Ein Tatsachenbericht, Hacker-Taschenbuch 9, Gröbenzell 1981.
3) Vgl. zum folgenden W. P. Mulacz, a. a. O., 226–228, W. F. Bonin, Lexikon der Parapsychologie und ihrer Grenzgebiete, Fischer-Taschenbuch 4500, Frankfurt 1981, 153 f., 326 f.; A. v. Schrenck-Notzing, Physi-

kalische Phänomene des Mediumismus, München 1920; ders.; Materialisationsphänomene, München 1923.
4) Vgl. F. Jürgenson, Sprechfunk mit Verstorbenen, Frankfurt 1967; K. Raudive, Unhörbares wird hörbar, Remagen 1968.
5) N. O. Jacobson, Leben nach dem Tod? Über Parapsychologie und Mystik, Zug 1972, 209 f.
6) H. Bender, Umgang mit dem Okkulten, Freiburg 1984, 74 f.
7) Vgl. I, 2.
8) Vgl. W. Mantler, Die Welt des Paranormalen, in: Theologisch-praktische Quartalschrift 133 (1985), 203.
9) Vgl. dazu auch G. Frei, Über Exteriorisation (Doppelgängertum) Lebender, in: ders., Probleme der Parapsychologie, Imago mundi II, Innsbruck ³1985, 91–99.
10) W. Mantler, a. a. O., 204.
11) H. Bender, Telepathie, Hellsehen und Psychokinese. Aufsätze zur Parapsychologie I, München–Zürich ⁵1984, 75.
12) E. Matthiesen, Das persönliche Überleben des Todes. Eine Darstellung der Erfahrungsbeweise III, Berlin ²1968, 365.
13) B. Grabinski, Was wissen wir vom Jenseits? München o. J., 206.
14) Vgl. H. Denzinger – A. Schönmetzer, Enchiridion symbolorum definitionum et declarationum de rebus fidei et morum, Nr. 2825, 3642.
15) Vgl. zum folgenden ebd., Nr. 856, 1304, 1820; aus jüngster Zeit: Schreiben der Kongregation für die Glaubenslehre zu Fragen der Eschatologie vom 17. Mai 1979.
16) Vgl. dazu I, 3 a.
17) Vgl. zum folgenden F. Holböck, Fegefeuer. Leiden, Freuden und Freunde der armen Seelen, Stein a. Rhein ²1978; B. Grabinski – L. Oster, Fegefeuer-Visionen der Begnadeten Margarete Schäffner von Gerlachsheim (Baden), Eupen ⁴o. J.
18) Vgl. F. Holböck, a. a. O., 141.
19) Vgl. ebd., passim.
20) Vgl. ebd., 92 f.
21) B. Grabinski – L. Oster, a. a. O., 52.
22) Vgl. F. Holböck, a. a. O., 44.
23) Auch F. Holböck weist darauf hin, daß psychopathische Züge mit im Spiel sein können: vgl. ebd., 12; 118.
24) Vgl. ebd., z. B. 137; 147.
25) Vgl. B. Grabinski – L. Oster, a. a. O., 79.
26) G. Siegmund, Das Fortleben nach dem Tode im Lichte des Phänomens von eingebrannten Händen, in: A. Resch (Hg.), Fortleben nach dem Tode, Imago mundi VII, Innsbruck 1980, 499.
27) Vgl. W. P. Mulacz, a. a. O., 266.
28) Vgl. E. Fleischhack, Fegefeuer. Die christlichen Vorstellungen vom Geschick der Verstorbenen geschichtlich dargestellt, Tübingen 1969, 141 f.
29) J. Kerner, Das Mädchen von Orlach, Schwäb. Hall ³1919.
30) Vgl. B. Grabinski, Was wissen wir vom Jenseits? 134–140.
31) Ebd., 134.
32) Ebd., 137.

33) Vgl. ebd., 138.
34) Vgl. ebd.
35) F. Holböck, a. a. O., 23.
36) Vgl. M. Landau, Hölle und Fegefeuer in Volksglaube, Dichtung und Kirchenlehre, Heidelberg 1909; F. X. Schouppe, Die Lehre vom Fegefeuer beleuchtet durch Thatsachen und Privatoffenbarungen, Brixen 1899.
37) H. Denzinger – A. Schönmetzer, a. a. O., Nr. 1820, zit. nach F. Holböck, a. a. O., 16.
38) Vgl. ebd., 102 f.
39) Vgl. ebd., 48 f.
40) Zit. nach P. M. Schwarz, Die Toten sind unter uns. Erscheinungen, Phänomene, Visionen, Wien o. J., 200.
41) Zit. nach J. Nicolussi, Die Armen Seelen, Rottweil-Buchs ²1926, 56.
42) Vgl. ebd., 7.
43) F. Holböck, a. a. O., 26.
44) Ebd., 77.
45) J. B. Heinrich – C. Gutberlet, Dogmatische Theologie X, Münster 1904, 581.
46) Vgl. zum folgenden G. L. Müller, „Fegefeuer". Zur Hermeneutik eines umstrittenen Lehrstücks in der Eschatologie, in: Theologische Quartalschrift 166 (1986), 25–39. – Vgl. auch die Aussagen der hl. Katharina von Genua, die nicht auf Visionen zurückgehen, „sondern auf das, was sie selbst in ihrem Leben als mystischen Weg der schmerzvollen Läuterung, der erleuchtenden Heiligung und der von ergreifender Gottesliebe durchglühten Einigung mit Gott erlebt und erlitten hat". So F. Holböck, Die Theologin des Fegefeuers. Hl. Catharina von Genua, Stein a. Rhein 1980, 8; Übersetzung ihrer Abhandlung über das Fegefeuer ebd., 103–126.
47) Vgl. H. U. v. Balthasar, Pneuma und Institution. Skizzen zur Theologie IV, Einsiedeln 1974, 442; so wohl auch Katharina von Genua: vgl. F. Holböck, a. a. O., 113–117.

Zum fünften Kapitel

1) Zum Zusammenhang der innerhalb der großen Kirchen wirkenden Charismatischen Erneuerung mit der Pfingstbewegung vgl. F. A. Sullivan, Pfingstbewegung und charismatische Gemeindeerneuerung. Geschichte – Spiritualität – Stellungnahme, in: Geist und Leben. Zeitschrift für Aszese und Mystik 59 (1986), 165–184.
2) H. Mühlen, Einübung in die christliche Grunderfahrung I. Lehre und Zuspruch, Topos – Taschenbuch 40, Mainz ³1977, 126.
3) Ebd.
4) Ebd., 148 f.
5) F. A. Sullivan, Die charismatische Erneuerung. Die biblischen und theologischen Grundlagen, Graz–Wien–Köln ²1986, 109.
6) Vgl. ebd., 107f.

7) Vgl. S. Großmann, Haushalter der Gnade Gottes. Von der charismatischen Bewegung zur charismatischen Erneuerung der Gemeinde, Kassel ²1978, 111f.
8) D. u. R. Bennett, Der Heilige Geist und Du, Erzhausen ⁴1977, 99.
9) Vgl. D. J. Bennett, In der dritten Stunde, Erzhausen ⁵1977, 95.
10) Vgl. ebd., 121.
11) Ebd.
12) Vgl. D. Shakarian mit J. u. E. Sherrill, Die glücklichsten Menschen auf Erden, Erzhausen ⁴1978, 18–21.
13) D. u. R. Bennett, a. a. O., 106.
14) Sie wird z. B. bei H. Mühlen, a. a. O., 147–150, kaum erwähnt, ist aber in der Beschreibung der Treffsicherheit und Situationsgerechtigkeit der Prophetie eingeschlossen. Ähnlich auch L. Schmieder, Die Prophetengabe, in: Erneuerung in Kirche und Gesellschaft 9 (1981), 22–27.
15) Vgl. z. B. H. E. Freeman, Befreiung aus dem Netz des Okkultismus, Urbach o. J.
16) Vgl. H. Denzinger – A. Schönmetzer, Enchiridion symbolorum, definitionum et declarationum de rebus fidei et morum, Freiburg ³³1965, Nr. 3008; zweites Vatikanisches Konzil, Dogmatische Konstitution über die göttliche Offenbarung, Art. 5.
17) Vgl. F. A. Sullivan, a. a. O., 97f.
18) Vgl. Dogmatische Konstitution über die Kirche, Art. 12; 35.
19) H. Mühlen, a. a. O., 148.
20) Hier kann freilich anstatt von ASW auch Kryptomnesie (unbewußte Erinnerung) an die Bibelstelle vorliegen.
21) Vgl. auch die Beispiele im Unterabschnitt a.
22) Mit der Möglichkeit, daß hier paranormale Kräfte im Spiel sind, rechnen auch H. Mühlen (vgl. Erfahrung des Bösen und Unterscheidung der Geister, in: Erneuerung in Kirche und Gesellschaft 21, 1984, 12) sowie N. Baumert (vgl. Gaben des Geistes Jesu. Das Charismatische in der Kirche, Graz–Wien–Köln 1986, 170). Ganz im Gegensatz zu meiner Sicht stehen fundamentalistische Autoren wie D. J. Bennett, D. Shakarian u. a.
23) Vgl. II, 2.
24) Vgl. II, 3 c (Beispiel H. Benders).
25) Vgl. dazu H. Mühlen, Einübung in die christliche Grunderfahrung I, 182–190.
26) H. Mühlen, a. a. O., 162.
27) Vgl. zum folgenden H. Driesch, Philosophie des Organischen, Leipzig ²1921; W. H. C. Tenhaeff, Außergewöhnliche Heilkräfte, Magnetiseure, Sensitive, Gesundbeter, Olten–Freiburg 1957, 243–251.
28) Vgl. ebd., 250 f.
29) Vgl. ebd., 201–230.
30) Es sei vermerkt, daß Glaube hier Sich-Unterwerfen unter die Suggestion des Heilers meint und nicht den religiösen bzw. christlichen Glauben, obwohl letzterer im Hintergrund stehen kann.
31) A. Jores, Magie und Wunder in der Medizin, in: W. Bitter (Hg.), Magie und Wunder in der Heilkunde, Stuttgart 1959, 137.

32) Das folgende ist eine Wiedergabe von H. Rehder, Wunderheilungen, in: Hippokrates 26 (1955), 577–580, durch H. Bender, „Wunderheilungen" im affektiven Feld, in: Telepathie, Hellsehen und Psychokinese, Aufsätze zur Parapsychologie I, München–Zürich ⁵1984, 124–140.
33) Ebd., 128.
34) Ebd., 132.
35) Vgl. ebd.
36) Ebd., 136.
37) Vgl. I, 3 (Anm. 59).
38) Vgl. W. Kucher, Paranormale Heilung in ethnologischer Sicht, in: A. Resch, (Hg.) Paranormale Heilung, Imago mundi VI, Innsbruck 1977, 17–94.
39) W. F. Bonin, Lexikon der Parapsychologie und ihrer Grenzgebiete, Fischer-Taschenbuch 4500, Frankfurt 1981, 34; zu Zé Arigó vgl. J. G. Fuller, Arigo: Surgeon of the Rusty Knife, New York 1974.
40) Vgl. die Bemerkung am Schluß von II, 3 d sowie IV, 1.
41) Vgl. A. Stelter, Psi-Heilung, Bern–München–Wien 1973, 133–135.
42) H. Naegeli–Osjord, Erklärungsmöglichkeiten der sogenannten Wunderheilungen, in: A. Resch, a. a. O., 559.
43) Vgl. sein Gutachten bei A. Stelter, a. a. O., 246f.
44) Vgl. E. Bozzano, Übersinnliche Erscheinungen bei Naturvölkern, Sammlung Dalp 52, Bern 1948, 202f.
45) Vgl. W. H. C. Tenhaeff, Paranormale Heilkräfte, in: A. Resch, a. a. O., 545; vgl. auch I, 2.
46) Auch F. MacNutt rechnet bei charismatischen Heilungen weitgehend mit dem Wirksamwerden natürlicher Kräfte (vgl. sein Buch: Beauftragt zu heilen. Eine praktische Weiterführung, Graz–Wien–Köln 1979): Suggestion (47), psychosomatische Vorgänge (47f.), paranormale Kräfte (48–52: MacNutt gebraucht andere Ausdrücke).
47) Zum Wirken dieser Heilungspredigerin vgl. K. Kuhlman, Ich glaube an Wunder, Schorndorf 1974; dies., Bei Gott ist nichts unmöglich. Berichte vom Wirken Gottes in unseren Tagen, Schorndorf 1974.
48) Vgl. H. R. Casdorph, Diagnose: Göttliche Heilung, Schorndorf 1977, 87–98; Zitate: 95.
49) Ebd., 70.
50) Vgl. A. Olivieri, Gibt es noch Wunder in Lourdes? Achtzehn Fälle von Heilungen (1950–1969), Aschaffenburg 1973, 180f.
51) D. J. Bennett, In der dritten Stunde, 141f.
52) Vgl. F. MacNutt, a. a. O., 85–90; vgl. auch F. A. Sullivan, a. a. O., 177f.
53) Vgl. D. J. Bennett, a. a. O., 142.
54) F. MacNutt, Die Kraft zu heilen. Das fundamentale Buch über Heilen durch Gebet, Graz–Wien–Köln 1976, 168. – In Beauftragt zu heilen schwächt F. McNutt dieses Argument stark ab: vgl. 90–95.
55) Vgl. III, 3.
56) Obwohl F. MacNutt eindeutig von den bei charismatischen Heilungen wirksamen natürlichen Kräften redet (vgl. Anm. 46), sagt er doch, daß die Heilungsgabe als Charisma „im Unterschied zu den natürlichen Be-

gabungen" in Gott sei. Konsequenz: „Jeder Christ trägt die Möglichkeit der Heilung in sich" (Beauftragt zu heilen, 62).
57) Vgl. das obige Zitat von D. J. Bennett (Anm. 51).
58) Vgl. K. E. Koch, Okkultes ABC. Ergänzungsband zum Buch „Seelsorge und Okkultismus", Aglasterhausen 1984, 332–344.
59) Vgl. ebd., 335 f.
60) Ebd., 328.
61) Vgl. ebd., 561–566.
62) Ebd., 565.
63) Vgl. F. MacNutt, a. a. O., 47; K. Thomas, Seelsorge in der Begegnung mit Kranken und Sterbenden, in: Theologische Revue 74 (1978), 4.
64) Vgl. F. MacNutt, a. a. O., 117.
65) Vgl. K. Thomas, a. a. O.
66) Vgl. F. MacNutt, Die Kraft zu heilen, 173–175.
67) W. Margies, Heilung durch sein Wort. Der Verzicht auf Psychotherapie, 2 Bde., Urbach o. J.
68) F. MacNutt, a. a. O., 175.
69) Vgl. ebd., 182–186.